邵士梅·编

中国后妃传

陕西新华出版 三秦出版社

图书在版编目（CIP）数据

中国后妃传 / 邵士梅编 . -- 西安 ：三秦出版社，
2008.04（2024.1 重印）
（国学百部文库）
ISBN 978-7-80736-376-7

Ⅰ．①中… Ⅱ．①邵… Ⅲ．①后妃－列传－中国－古
代 Ⅳ．① K828.5

中国版本图书馆 CIP 数据核字（2008）第 027057 号

书　　名	中国后妃传
作　　者	邵士梅　编
责　　编	王曙龙
封面设计	新华智品

出版发行	三秦出版社
社　　址	西安市雁塔区曲江新区登高路 1388 号
电　　话	（029）81205236
邮政编码	710061
印　　刷	北京一鑫印务有限责任公司
开　　本	680×1020　1/16
印　　张	9
字　　数	156 千字
版　　次	2008 年 4 月第 2 版
印　　次	2024 年 1 月第 2 次印刷
标准书号	ISBN 978-7-80736-376-7

定　　价	39.80 元
网　　址	http://www.sqcbs.cn

前　言

　　皇后的桂冠，犹如笼罩着神秘灵光的金字塔尖顶，成为封建社会贵族女性内心深处的人生梦幻，更是后宫妃嫔们觊觎的宝座。在封建社会，妃嫔们朝思暮想的就是能否得到"真龙天子"的宠幸，或嫁给皇太子，以期走上"一人之下，万人之上"的九鼎之尊，从而身价百倍，颐指气使，乃至为所欲为。

　　对于皇后，人们想到更多的是锦衣玉食，是轻歌曼舞，是男欢女爱……其实，这仅仅是皇后生活的一部分。在幽深的宫殿里，高墙把宫闱与世俗分成两个世界，这无形之中给泱泱后宫罩上一层朦胧迷离的神秘色彩，引得世人总想看个究竟：想看皇后走向"母仪天下"的酸甜苦辣，想看皇后与妃子们争宠夺爱的悲剧性艳史，想看皇后在风险迭起的人生紧要关头体现出的智慧或权术，想看皇后是如何为皇室培养下一代"真龙天子"，想看幽禁在宫闱之中的后宫第一人的精神生活……

　　在两千多年的纷繁复杂、光怪陆离的宫闱生活系列图景中，皇后们的人生际遇，虽各有千秋，但终究脱不了悲剧性的命运底色。在具有强大惯性的封建文化氛围中，皇后尽管是当时女人群体中的最上层，但在掌握社会评价系统的男人们看来，她们毕竟首先仍是女人。她们仍脱离不开这个文化氛围，还只能在这个文化的大网中挣扎。有位哲人说："男人通过征服世界而征服女人，女人通过征服男人而征服世界。"这句话如果用在中国皇后身上是再恰当不过了。

　　"以史为鉴，可以知兴替。"为了便于读者了解史实，以史为鉴，我们组织了一些谙熟史学的作者，在精心搜集材料、系统整理、理清头绪的基础上，精选了上起汉高祖刘邦皇后吕雉，下迄清德宗载湉皇后叶赫那拉氏，在历史上影响较大、特色各异的皇后二十余位，以通俗的形式、多维的视角、轻松的笔调、大众的口味，编写了这部《中国后妃传》。该书按朝代先后顺序编排，对一些著名的、历史上有重大影响的皇后，如汉高祖皇后吕雉、隋文帝皇后独孤氏、唐太宗皇后长孙氏、唐中宗皇后武则天、明太祖皇后马秀英以及清太祖皇后叶赫那拉氏等记叙较为详尽；对于那些虽不是皇后，但却较皇后更著名的妃嫔，如唐玄宗贵妃杨玉环、清太宗庄妃布木布泰、清文宗贵妃叶赫那拉氏记叙也较详尽；对于那些事迹寥寥、乏善可陈的皇后，则以简笔勾勒。这样一来，全书既重点突出，又兼顾了全面。

　　该书把镜头对准中国数千年历史上的人中凤——皇后，透过历史的迷雾，展现传统男权社会中凤毛麟角的著名女性的生活画卷、奋斗历程；意在揭示她们为情为爱努力抗争的生动细腻的悲艳遭遇；意在体现她们在"做女人难，做名女人更难"的风险迭起的关头所表现出的智慧和魅力；意在以点带面，使广大读者在一种轻松惬意的气氛中充分领略中国历史文化的深厚底蕴。

　　由于水平所限，书中不免有值得商榷及错讹之处，欢迎广大读者批评指正。

编　者

2008 年 8 月

中国后妃传

〇〇二

目　录

汉高祖刘邦皇后吕雉

吕后（前241－前180），名雉，单父（今山东单县）人，西汉高祖皇帝刘邦的原配妻子。公元前202年刘邦即皇位，吕雉受封为皇后，史称高后。吕后是一位极不平常的女中豪杰，她以果断狠毒著称。

助君称帝　力保太子

吕雉一家原来是单父人。秦时，吕雉的父亲吕公，为了躲避仇家，投奔了好友沛县县令，并把全家迁居到了沛县。因为吕公是县令的好友，沛县地方上的豪门望族、大小官吏为了讨好县令，都去给吕公送礼，接风道贺。沛县的功曹萧何被任命为接待客人的主吏，他规定送礼的人贺钱不满一千的，只能坐在下位。刘邦一文钱都没有，却神气十足地诈称"贺钱万"。吕公听说有人出手如此大方，赶忙出去迎接。吕公见刘邦长相雄伟，气度不凡，对其十分敬重，请刘邦上座。酒席结束后，客人散去，吕公示意刘邦留下。吕公不仅没要刘邦的贺礼，还要把视为掌上明珠的女儿吕雉许配给刘邦。刘邦听了，当然喜不自禁，自己年近四十，攀上这门好亲戚，真是喜从天降，当即同意。不久，吕雉遵从父母之命嫁给了刘邦。二人婚后生有一子一女，儿子刘盈，也就是后来的汉惠帝，女儿就是后来的鲁元公主。

秦二世元年，刘邦响应陈胜、吴广起义，势力不断扩大，在吕雉的支持与帮助下，吕氏宗族大部分都加入了刘邦的起义队伍。经过几年的艰苦征战，刘邦的势力不断扩大，不仅先入咸阳推翻了秦朝的统治，而且又在后来与项羽的对峙中，最终打败项羽大军，建立了汉王朝。在刘邦征战的这些年中，吕雉吃尽了苦头，曾经差点被项羽煮成肉粥，但同时也正是这段艰苦的岁月，增加了其不凡的胆识和政治阅历。刘邦当了皇帝，吕雉自然就成了皇后，她的儿子刘盈也被立为太子。但是由于吕后年长，常年留守后方，和刘邦聚少离多，感情日见疏远。而刘邦自从得到戚姬后，非常宠幸她。戚姬一直跟随在刘邦身边，并经常在刘邦耳边鼓动刘邦立自己的儿子如意为太子。太子刘盈为人软弱，所以刘邦认为这个儿子不像自己，而戚姬的儿子如意说话做事都很符合自己的心意，因此刘邦

商山四皓

就想废掉太子刘盈，改立如意为太子。

吕后对刘邦的心意早有察觉，对戚姬的夺嫡之望也一清二楚。于是她在刘邦提出废立太子问题之前，去请教张良。张良献计说：皇上得天下后，曾邀请"商山四皓"出山相助，那四位高士心高气傲加以拒绝；如果太子能请来这四位高士，皇帝一定会对他另眼相看，这样将对巩固太子的地位有很大帮助。吕后依计而行，果然把"商山四皓"请到太子府中。不久朝中举行庆宴，"商山四皓"随从太子上朝拜贺，刘邦见四位高士跟在太子身后十分吃惊；拜贺完毕，他们又恭敬地跟随太子身后离去。刘邦看到此状，认为太子有"商山四皓"辅佐，羽翼已成，很难动摇，于是就打消了废太子的念头。就这样，一场废立太子的斗争，以吕后的过人才智取得了胜利。

铲除异己　残害戚姬

汉高祖六年（前201）冬十月，有人告发韩信谋反，刘邦用曲逆侯陈平之计，诈称巡游云梦，令各地诸侯相会于陈（今河南淮阳），乘机将韩信擒伏。不过，刘邦念他功勋卓著，没有杀他，只降爵为淮阴侯，软禁于京城。但韩信遭此变故，心里充满了怨恨，亦因此真正走上了谋反之路。汉高祖十年（前197）九月，阳夏侯陈豨造反，刘邦御驾亲征，吕后与相国萧何留守京师。吕后对韩信早有防范，认为应除之以绝后患。恰好当时，韩信家中一位舍人告发韩信与陈豨通谋，要乘刘邦离京之际，在京城作乱，袭击吕后和太子刘盈。吕后得报，认定这是除掉韩信的绝好时机。于是，经过她的周密策划，一项智擒韩信的计谋就付诸实施了。

一天，萧何要去向吕后汇报"陈豨伏诛"的捷报，便让韩信同他一起去向吕后道贺。韩信毫无防备，起身入宫。谁知刚入宫门，吕后就命早已准备好的武士将他擒拿。吕后恐夜长梦多，立即命人把韩信押往长乐宫钟室之内就地斩决。为免留后患，吕后又将其满门尽诛。据说刘邦曾经许诺韩信三不杀：见天不杀，见地不杀，见兵器不杀。结果吕后就用布帐将韩信围起，乱棍捶死。而当初向刘邦极力举荐韩信的是萧何，现在和吕后一起谋害韩信的也是萧何，所以说"成也萧何，败也萧何"。

解决韩信这一隐患后，吕后接下来就向梁王彭越开刀了。在刘邦征讨企图谋反的陈豨期间，梁王彭越没有奉诏出兵。刘邦平叛回来后，将彭越贬为庶人，流放到蜀地青衣。彭越在被流放途中恰好与去洛阳的吕后相遇，他便向吕后哭诉自己的冤情，请吕后向刘邦说情。吕后假意对彭越的遭遇深表同情，满口答应，带着彭越一同来到洛阳。吕后见了刘邦后就说彭越势力强大，一旦谋反就会危及江山，劝他杀了彭越，以除后患。于是刘邦听从吕后建议，把彭越交给吕后处置。吕后将彭越定为夷灭宗族的大罪，并将彭越菹为肉泥，赐予诸侯。由此事可知吕后手段之狠毒。

公元前195年，汉高祖刘邦驾崩，太子刘盈即位，吕后被尊为太后。汉惠帝软弱无能，一切事情都由吕后做主。刘邦生前最宠爱戚姬，因此吕后最痛恨戚姬，戚姬不仅夺去了刘邦对自己的宠爱，而且还差点使刘盈的太子地位不保。所以吕后一上台就展开了对戚姬的报复。她命人将戚姬囚于永巷，剃光了她的满头秀发，罚她穿上赭衣囚服，戴着刑具，做舂米的苦役。接着吕后又命人去邯郸召戚姬的儿子赵王如意来长安。惠帝为了防止母亲吕后加害幼弟如意，便亲自赴灞上(今陕西西安东)迎接他入宫，并且留他在宫内，饮食起居形影不离，使吕后没有机会下手。一天早晨，惠帝外出练习骑射，不忍心将正在酣睡中的弟弟如意唤醒，独自一人骑马去了御苑。吕后趁着这段时间，派人入宫，将年幼的赵王鸩杀了。待惠帝回来，见如意已被毒死，知道一定是母后指使，一肚子的不愉快。尽管他没有发作，但心里对母后的所为却有了看法，心中结下了疙瘩。

吕后除掉赵王，有意把消息告知戚姬，戚夫人知道儿子被杀，悲恸欲绝。但吕后并没有就此罢手，她接下来的手段更加惨绝人寰。她首先命人把戚姬的手、脚砍掉，挖出她的双眼，用药熏聋她的双耳，给她喂了哑药，然后把她关到猪圈里，称之为"人彘"。过了几天叫惠帝去看，惠帝一看这个四肢皆无、眼空如洞、耳不能听、口不能言、似人非人的怪物，不知道是怎么回事，问了周围的人才知道这个被折磨得不成人样的怪物就是昔日美貌动人的戚夫人。惠帝目睹此状大受刺激，日夜在宫中饮酒消愁，与宫人们嬉戏玩乐，打发时光，不再临朝听政。

大封诸吕　身死梦空

为了增强吕家的势力，吕后为惠帝选择的皇后竟是刘盈的姐姐鲁元公主的女儿张嫣。论辈分，张嫣是刘盈的外甥女，吕后如此安排，就是要亲上加亲，不能让外人占据皇后的地位，也就是不能在吕氏之外形成另一个外戚势力。张嫣是鲁元公主与张敖所生，惠帝四年(前191)大婚之时刚满12岁。然张嫣婚后从无生育，而惠帝刘盈在后宫中生子数人。所以，吕后安排的张嫣与刘盈的婚姻，并没能从血脉相连这一点上达到要求。为防意外，吕后曾让人想了很多办法，但张嫣仍没有怀孕。

公元前188年，惠帝病逝。吕后假称张嫣有了身孕，然后取其他宫妃所生男婴，谎称为张嫣所生，并将婴儿的生母杀死。小婴儿接替了皇位，由于不能处理朝政，吕后名正言顺地临朝执政，独揽朝政大权。

吕后为了巩固自己的权力，不顾刘邦临终前"非刘姓不得为王"的誓言，大封吕姓为王。吕后临朝的第八年，因患重病，卧床不起，她顾虑到自己死后的政局，便任命赵王吕禄为上将军，统领北军；吕王吕产居于南军，控制形势。她对二人谆谆嘱咐："当年高皇帝与大臣有白马之盟，现在你们为王，大臣们实有议论。我死之后，皇上年幼，恐怕大臣发动变乱。你们一定要手握将印，控制兵权，把守宫门，也就不要再送殡了，免得被人乘机钻了空子，受制于人。谨记！谨记！"

不久，吕后便与世长辞，终年61岁。

周 勃

然而，吕后一死，凭借着她的声望、地位与政治手腕维系起来的政治上的均衡关系破裂了。很快，宗室齐王刘襄首先在山东发难，起兵西攻，声称要杀掉不当为王的诸吕。吕产得到这个消息派灌婴带领兵马前去征讨，但是灌婴与手下将领不愿帮吕氏夺刘家的天下，于是到了荥阳后就按兵不动，暗地里通知齐王，要他联络诸侯，一起起兵讨伐吕氏。

这时，京师之内，陈平设计让周勃单车入北军，骗取吕禄上将军之印，宣布"为吕氏右袒，为刘氏左袒"，北军将士一律左袒，于是控制了北军。随后分兵千余人，令刘章率领士兵到未央宫中，将吕产追杀在郎中令官衙的厕所中。这样，又控制了南军。京城之内，吕氏已成瓮中之鳖，只得束手就擒。吕禄、吕通等先后被杀。周勃又令禁军大肆搜捕诸吕男女，"无少长皆斩之"。就连吕后所立的小皇帝，也恐其年长后反戈，被一并解送出宫，偷偷地杀掉了，这样吕氏集团的势力全部被铲除了。继而，刘邦的另一个儿子代王——刘恒被拥立为皇帝，是为汉文帝。

汉文帝刘恒皇后窦氏

窦氏（？—前135）名漪，清河郡（今河北清河）人，公元前180年被立为皇后。她的丈夫和儿子，分别是著名盛世"文景之治"的皇帝汉文帝和汉景帝，她的孙子是以雄武著称的汉武帝，窦氏的一生在中国历史上影响重大。

几经波折　终为皇后

窦氏出身为良家子女，她的父亲为避秦朝末年的战乱，在观津隐居钓鱼，不幸坠河而死，留下窦氏和一个哥哥、一个弟弟。哥哥名为窦长君，弟弟名为窦少君，三人相依为命，艰难度日，生活十分悲惨。秦末汉初兵乱未平，百姓流离失所，窦氏与哥哥和弟弟几乎不能自存，时值朝廷在民间挑选宫女进宫，窦氏便去应选，因此得以进入汉宫。窦氏入宫以后一直没能得到皇帝的宠幸，在宫中做了一名普通的宫女。

汉文帝刘恒

公元前195年，汉高祖刘邦驾崩，皇后吕雉操纵国政，她把皇宫中皇帝未曾宠幸过的宫女挑选一些赏赐给诸侯王，每个王五名，窦氏也在选中之列。窦氏因家在清河，离赵国近，希望能到赵国去。她向主持派遣宫女的宦官请求，一定要把她的名字放到去赵国的花名册里。谁知这个宦官却在分派宫女时把这件事忘个一干二净，把她的名字放到去代国的花名册里了。就这样她去了代国，做了代王刘恒的嫔妃，命运亦由此改变。窦氏年轻貌美，虽然身居后宫未得高祖宠幸，但是依然妩媚动人，再加上聪明伶俐，因此深得代王刘恒的喜欢。窦氏到了代国没多久就生了一个女儿，取名刘嫖。汉惠帝七年（前188）生了长子刘启，也就是后来的汉景帝，再后来又生了儿子刘武，就是后来的梁王。

在刘恒称帝前他的结发妻子王后便病逝了，而且她的四个儿子在刘恒称帝前后也相继病亡。文帝刘恒即位后不久，大臣奏请立皇太子。这时，文帝刘恒诸子中，数窦氏所生的刘启年龄最大，刘启则被立为太子，母以子贵，窦氏随之就成了皇后，入主后宫。她所生的女儿刘嫖被封为馆陶长公主，幼子刘武先封为代王，后封为梁王。

窦氏头顶皇后桂冠不久，有人上书称自己是皇后的弟弟窦少君，窦氏急忙诏此人进宫查问。那人详细说出了窦氏的家庭住址和父母的姓氏。窦氏还要他回忆一些过去的情景，那人回忆道：姊姊离我西去的时候，我记得是在驿站分别的，她还讨来米汤水给我洗了头，又给我吃了饭才走的。当窦后听到此话时，知道这就是失散多年的弟弟少君，握着弟弟的手已泣不成声。于是窦氏重赏了两个兄弟，把他们都安置在京师居住。后来又请了有德行的长者与他们住在一起，对他们进行教育。经过一番学习，窦长君、窦少君兄弟俩后来都成为谦让有礼的君子，不敢因为地位显贵而盛气凌人。

不久，窦氏又追封她的父亲为安成侯，母亲为安成夫人，并在家乡清河郡安置陵园。

母以子贵　执掌朝纲

公元前157年，汉文帝刘恒病逝，皇太子刘启即位，是为景帝。窦氏因此成了皇太后。窦太后溺爱幼子刘武，对其赏赐不可胜数，恨不得让他做皇帝。景帝对这个同胞兄弟也感情至深，不仅同辇进出，而且还想传位于他。

公元前154年，当时景帝还未立太子，梁王刘武入朝，景帝设宴款待他。席间，景帝从容地对刘武说等他千秋万岁后，就把皇位传给刘武。刘武口上辞谢，内心却很欢喜。窦太后听了也很高兴，又提出想以刘武为嗣，并征求大臣意见。可是在座的太后堂侄窦婴说："天下者，高祖天下，父子相传，此汉之约也；上何以擅传梁王！"对此事表示反对，窦太后十分气愤，没过几天就把窦婴从皇亲的名册上除了名。

公元前153年，景帝立儿子刘荣为皇太子，封另一个儿子刘彻——后来的汉武帝为胶东王。但在三年后，景帝又把皇太子废了。窦太后召宴景帝、梁王兄弟，窦太后说殷朝兄终弟及，周朝父子相继，道理是一样的，景帝千秋后，让梁王来继承。景帝只得答应，于宴会后向大臣袁盎征求意见，袁盎等不赞成立弟，说怕景帝、梁王百年之后，他们的子孙会为争帝位导致国家政局混乱。窦太后这才无话可说。景帝遂立刘彻为太子。梁王也不敢再让太后给他说话，回了自己的封地。但他对此事并没有死心，派人刺杀反对立他的朝臣袁盎等人，不仅没有成功，反而暴露了阴谋，引起景帝的愤怒。梁王十分害怕，通过姐姐馆陶长公主向母后说情，取得窦太后对他的谅解。于是，在窦太后的干预下，梁王无罪开释。但景帝经过此事之后对弟弟的感情再也不像从前那般亲近，而且变得越来越疏远。

公元前144年，梁王刘武病死，窦太后闻讯悲伤至极，不吃不喝，说皇帝果然把她儿子杀了。景帝见母亲绝食，不知如何是好，同姐姐馆陶长公主商量，决定把梁国分为五国，给梁王的五个儿子，即梁王的五个儿子都被封为王，同时另给他五个女儿汤沐邑。窦太后这才转悲为喜。

窦太后信奉黄老学说，但景帝对儒学和黄老思想都却不置可否，这实际上是怂恿了儒学与黄老思想的争权夺利。在这种局面下，窦太后坚决维护黄老思想的统治地位，打击儒学。有一次，齐儒辕固生当着窦太后的面侮辱黄老思想的代表作《老子》一书，窦太后当即大怒，下令把辕固生扔到猪圈里去与猪搏斗。景帝见辕固生乃一介文弱书生，恐不敌猪，就投进一把匕首，才让辕固生把猪刺死。因此景帝在位16年，始终未任用儒生。

汉文帝亲尝汤药

武帝即位后，窦太后闻他好儒，大为不悦，常出面干预朝政。武帝也不便违忤祖母，所有朝廷政事，都随时向她请示。当时御史大夫赵绾和郎中令王臧，迎鲁耆儒申公来朝，并建议仿古制，设明堂辟雍，改历易服，行巡狩封禅等礼仪。窦太后听罢，怒不可遏，命武帝下令革去赵绾、王臧官职。一直到她去世前，武帝都没有重用儒生，这足可见窦太后在政治上的影响。

窦氏一族有三人封侯：兄窦长君早死，其子窦彭祖封为南皮侯；其弟窦少君封为章武侯；其侄窦婴，任命为大将军，封为魏其侯。

公元前135年，窦太后去世，与文帝合葬霸陵。

汉景帝刘启皇后王娡

王娡，是西汉景帝刘启的皇后，其母臧儿是被项羽封为燕王的大将臧荼的孙女。景帝后元三年(前141)被封为皇后，汉武帝刘彻之生母；武帝继位后，尊其为皇太后，封外祖母臧儿为平原君。

因母入宫　献媚得宠

汉文帝时，距长安百里之地的扶风槐里(今陕西兴平)有一户人家，父亲王仲早年亡故，母亲臧儿生一男一女，因难以度日，改嫁长陵田姓，又生下二子。过了几年，长女王娡出嫁，臧儿便与三个儿子王信、田蚡、田胜一起生活。王、田两家并非豪富，臧儿一人拖儿带女颇觉艰辛。但这个老媪不是等闲之辈，她终日想着如何让一家人出人头地，并渴求再次拥有、享受到其祖父臧荼时的殊荣。

有一年，东宫在民间采选美女，臧儿听说太子刘启爱好美色，便在自己两个女儿身上打主意。那天，王娡归宁在家，臧儿把她着意打扮一番，连同未出嫁的小女儿王息姁一同送到官府。王娡本来就贪恋富贵，爱慕虚荣，见有此翻身摆脱贫困的机会，也就顾不上名节，抛弃了丈夫和刚出世的女儿，入宫去了。官府慑于东宫威势，不敢为王娡的丈夫金王孙做主。

刘启的太子宫中，本已经搜集了不少的天下美女，除薄太后的侄孙女薄氏为正妃外，受恩宠的还有美女栗姬、程姬等。栗姬出生齐地，姿色绝伦，又为刘启生了长子刘荣，很得宠幸。但是壮年好色的刘启一见王娡姐妹，又被深深吸引了。尤其是姐姐王娡，生得粉面桃腮，眼波似水，有勾魂摄魄的魅力。为了获得太子刘启的宠爱，她更是使出百般媚态，把刘启弄得神魂颠倒。不多时，便被封为美人，宫人都称她为王美人。

公元前156年，刘启即皇帝位，是为景帝。景帝极不情愿地顺从了薄太后的意愿封薄氏为皇后。这一年，王美人在接连生下三个女儿之后，又一次怀孕了。为了

汉景帝刘启

保住自己的地位，她日夜祈祷生一个儿子。有一天，她编了一套话，对汉景帝说："臣妾昨夜得一奇梦，见神女捧日，投入臣妾怀中。"

景帝大喜，以为是贵兆，他想王美人若生儿子，必定是个奇男。十月怀胎，一朝分娩，结果王美人果真生了个儿子，景帝又惊又喜，对这个儿子格外倚重，取名为"彻"。

韬光养晦　苦心经营

景帝即位的第二年，太皇太后死了，薄皇后也跟着遭到了厄运。景帝从来就不喜欢这个皇后，由于是祖母做主婚配的，所以看在太皇太后的面上，才维持着皇后的名位。太皇太后一死，景帝立即借口薄皇后没有生育，不配正位中宫，把她废黜了。中宫虚位以待，大家都在猜测，谁最有希望继承宝座。入住中宫欲望最强烈的莫过于栗姬了。她想，皇帝曾同自己有约，生子当立为储，何况儿子刘荣又是长子，一旦儿子被立为太子，皇后宝座则非己莫属。但是，她很快就发现，王美人大有后来者居上之势。

封建皇朝把立太子视为国本，异常重视。景帝也一样，为此事用心良苦。在刘荣和刘彻之间，谁取谁舍，他颇踌躇。立长子本来顺理成章，但刘彻相貌英武、聪明可爱，而且他对王美人说的梦兆深信不疑。他想立刘彻，又怕栗姬哭闹，更怕众大臣反对。这件事一拖就是两三年，直到前元四年(前153)，在大臣们的一再催促下，加上栗姬用足了功夫，景帝下定决心立刘荣为皇太子，同时封王美人所生的刘彻为胶东王。

皇后被废，儿子被立为皇太子，这两件事使栗姬十分开心。几年来，她小心翼翼地侍奉皇上，一点一点地排挤皇后，时至今日，可算是实现了自己的愿望。栗姬认为只有自己才能被立为皇后，入主中宫，就连后宫佳丽也都认为皇上废掉薄皇后的目的，就是想立栗姬为皇后，大家对她巴结、羡慕而又嫉妒。栗姬自己也不免有些趾高气扬，以为一切都尽在掌握之中。

然而，"为山九仞，功亏一篑"的事情常有发生，当你将所有注意力都集中在主要敌人的时候，却往往会被第三者乘虚而入，坐收渔人之利。在通往皇后宝座的道路上，栗姬由于关键的一步没有走好，就跌落在荆棘丛生的悬崖下，摔得粉身碎骨。

景帝的姐姐馆陶长公主刘嫖，嫁给堂邑侯陈午为妻，生了一个女儿，取名陈阿娇。长公主想把女儿阿娇嫁给栗姬的儿子皇太子刘荣，便派人前去说媒。她以为，两个孩子辈分、年龄都很相当，满以为一说便成，谁知结果完全出乎她的预料。栗姬毕竟只是一个小女人，既没有宽宏的容人之量，更没有远大的目光；在宫闱内部的倾轧斗争中，既没有策略，也不讲手段，以为只要皇帝宠爱她，便可目中无人，对别人常怀嫉妒之心。长公主因为是景帝的姐姐，姐弟俩素来关系很好，后宫妾媵都非常敬奉她，都请她在景帝面前说好话。在众人的恭维下，长公主盛情难却，便经常把后宫美女推荐给景帝。因此，栗姬一直对长公主心存怨恨，因为任何一个人的受宠对栗姬来说都是一种威胁。所以，当长公主派人来提亲时，栗姬没有考虑到后果，只是出于对长公主的不满，便一口回绝了婚事。长公主刘嫖联姻不成恼羞成怒，对栗姬怀恨在心，从此两人结下仇怨。

汉代马王堆墓中的云纹漆鼎

这天，长公主进宫看望王美人，还带着女儿陈阿娇。王美人一看到陈阿娇，便极力夸奖陈阿娇的聪明美丽，又命内侍领出儿子刘彻，让两个小孩做伴一起玩耍。不知不觉中已到了黄昏。长公主起身告辞，看见窗外院子里，一对幼童依偎在鱼池边十分亲密的样子，她不禁脱口而出："好一对佳儿佳媳！"

王美人一听，乘机说道："阿娇堪配太子为妃，只恐我儿无福，不能得此佳妇。"

这句话，王美人是故意说给长公主听的。果然，长公主沉下了脸，冷笑着说："废立乃是常事，焉知太子名位已定？她既不识抬举，我也顾不得许多了！"

长公主忽然转变话题对王美人说："把阿娇许配给胶东王刘彻吧，看他俩青梅竹马多要好！"这正是王美人想要的结果，她当即答应下来，并立刻令刘彻拜见未来的丈母娘。长公主越看越喜爱，一把携住刘彻，将他抱在膝上，抚摸着他的头，问："尔愿娶媳妇吗？"

当时，刘彻虽然只有5岁，却十分聪明伶俐，他只是看着长公主嘻嘻笑着不说话。长公主故意指着一名宫女，问他是否合意，他摇摇头。长公主又指向阿娇，问："阿娇做媳妇可好？"刘彻答道："若得阿娇为妇，必筑金屋储之！"长公主一听，心花怒放，当下便同王美人议定了亲事。

趁虚而入 后来居上

景帝起初不太同意这门婚事，一是刘彻年纪还小，二是阿娇还比刘彻大几岁。但王美人告诉他刘彻"金屋藏娇"的许诺后不禁大笑起来，心想这怕是天定的缘分，就同意了。亲事既成，王美人与长公主的关系更加亲密。她们一个想报私仇，一个想夺取太子及皇后宝座，便联合起来共同对付栗姬。栗姬自然也不示弱，但是缺乏谋略的她显然是低估了王美人的力量，亦低估了馆陶长公主的活动能力。明枪易躲，暗箭难防，她怎么能抵挡住王美人和长公主的两面夹击呢？

后宫里忽然起了谣言，说栗姬崇信邪术；也有人说，栗姬诅咒妃嫱，当面对你好，背后指着你的脊梁吐唾沫。同时，长公主又在景帝面前说："栗姬度量狭窄，容不得人，背后还老爱咒骂别人，特别是对王美人，她既嫉妒，又仇恨，骂得更厉害。这样的人，要是做了皇后，'把人当作猪'的事就又会重现了！"

汉景帝深深地知道，把人当作猪的事，乃是汉高祖刘邦的皇后吕雉所为。刘邦死后，吕雉为了篡夺刘氏天下，杀诸王，诛功臣，把刘邦宠爱的戚夫人剁去手足，弄得又聋又哑，扔在猪圈里，称为"人彘"（猪）。一想到这件事，景帝不寒而栗，对长公主的话，他不能不考虑，对王美人的谗言他也多半信以为真，对后宫的谣言他也半信半疑。

一次，汉景帝偶感风寒，身体略感不适，加上朝中、后宫的诸多大小事情闹得他心里很是烦乱，便在宫内散心，信步走到了栗姬宫中。他对栗姬试探说："我百年后，你要好好照顾后宫的所有皇子，千万不要忘记。"

栗姬听了，也不去多想，心里只是不高兴，便不去理他，她紧闭嘴唇，连句话也不说，但脸上的表情十分不满。景帝见她不说话，便对外界的传言及长公主的话深信不疑。于是，他不再说话，转身赌气而去，心里却开始对栗姬不满，同时也打消了要封她为皇后的念头。

栗姬只知愚拙地赌气，不讲策略地和敌手硬顶，这次又失去讨好景帝的良机，进而失去景帝的宠爱。相反，长公主和王美人频频密谈，常常窥视宫中情况。长公主经常在景帝面前夸奖胶东王刘彻如何聪明，如何英俊，如何孝顺，把景帝说得心花怒放。栗姬失宠，王美人便乘虚而入，她对景帝格外体贴亲热，谦恭温顺，对后宫所有的人，她也尽情抚慰，想方设法讨好于人，时常用小恩小惠收买人心，所以她誉满六宫，有口皆碑。相形之下，栗姬母子，便不值一提了。

一年多过去了，册后之事仍然悬而未决。忽然有一天，大行礼官上殿奏请，说是母以子贵，如今太子生母栗姬尚无位号，应立即册封为皇后。

景帝一听大怒，斥道："如此大事，岂是你们这些人议论的？"他怀疑是栗姬指使礼官提出来的，竟不容分说，立即下诏将刘荣的太子之位废掉，贬为临江王。太子的师傅、魏其侯窦婴等再三劝谏，说太子并无过失，废之不当，景帝就是不听。他一向刚愎自用，对别人的建议也很少采纳，更何况此时，他早已对栗姬怀有怨恨、厌恶。他哪里会想到，这件事又是王美人暗地里操纵的。

王美人蓄意争夺皇后宝座，谋划在胸。她见长公主进谗多次，景帝日渐怨怒栗姬，知道已到火候，于是派心腹太监去找大行礼官，嘱他向皇帝奏请立栗姬为后，以此激怒景帝，果然一举成功。此

时，失宠的栗姬已经抑郁寡欢，儿子被废，使她受到沉重打击，从此一病不起。

前元七年（前150）四月，景帝一道诏书将已被册立三年的太子刘荣废黜，同时册立王美人为皇后，胶东王刘彻为皇太子。

王皇后立后九年后，即景帝后元三年（前141），汉景帝逝世，太子刘彻即位，尊王皇后为皇太后，后又封外祖母臧儿为平原君，封舅舅田蚡为武安侯、田胜为周阳侯。臧儿重新挤入贵族集团的愿望终于得以实现。

王太后当初与金王孙所生的女儿仍然留在金家，太后不愿提起这事，金家也不敢前去认亲。后来有人禀告武帝，武帝于是令人立刻备好车马，亲往长陵迎接姐姐。当天子的车驾到达金家门口时，金家男女老幼大惊失色，四处逃散，金女急忙躲到夹墙里。后来左右人把她搀扶出来拜见武帝，武帝下车扶着她说："大姐，你藏得叫我好难找啊！"于是武帝载着姐姐，一同返回长乐宫拜见太后。王太后见阔别十多年的女儿已长大成人，又悲又喜。武帝赏给这个同母异父的姐姐钱千万、奴婢300人、公田百顷、府第一座，并为她置了封邑，号修成君。真可谓一步登天。

元朔三年（前126），王太后寿终正寝，与景帝合葬阳陵。

汉武帝刘彻皇后陈娇

陈娇（生卒不详），汉武帝皇后。父陈午，爵堂邑侯；母刘嫖，封馆陶公主。

陈娇的母亲、汉景帝的姐姐馆陶长公主刘嫖原来想将女儿许配给皇太子刘荣做妃子，岂料遭到太子之母栗姬的拒绝。一场"宫廷风波"过后，阿娇嫁给了刘荣同父异母的弟弟胶东王刘彻。后来，刘彻即皇帝位，立陈娇为皇后。

刘彻幼时，馆陶长公主曾戏问他，愿不愿意娶阿娇为妇？刘彻答道："若得阿娇为妇，必筑金屋储之。"但刘彻真正娶了陈娇以后并非如此。这一则是因为陈氏相貌平平，长久未能生育；二则是陈皇后自恃其母有恩于武帝，骄横擅宠，激起武帝的反感，于是武帝就另寻新欢。一天，武帝去霸水岸边祭神，在回京的路上，他去了姐姐平阳公主家。公主忙摆酒接驾，并让府中歌伎卫子夫歌舞助兴。武帝一见卫子夫貌可倾城，便大为倾倒。皇姐见状，就把卫子夫送给了武帝。

武帝十分宠爱卫子夫，使得陈皇后妒火中烧。她在母亲的帮助下，几次对卫子夫暗下毒手，想置她于死地，但都没有得手，反而被卫子夫和嫔妃们都觉察到了。她们奏告武帝，武帝龙颜大怒，但想起岳母馆陶长公主的恩德，他只得把怒火压下去，没有处置陈皇后，只是再也不理她了。陈皇后无计可施了，闷闷不乐。她听说有一种叫作"巫蛊"的巫术能咒死人，便暗暗让手下的宫女楚服等用"巫蛊"诅咒卫子夫和那些得宠的嫔妃。但是没过多久，她的阴谋就泄露了。

武帝闻讯，命人查办陈皇后诅咒一事，楚服等宫女以"大逆不道"的罪名被枭首示众，牵扯此案而被杀的有300余人。陈皇后也因此被废，退居长门宫。据说，陈氏为了让汉武帝回心转意，曾用重金请司马相如作了一篇《长门赋》，但是汉武帝虽然欣赏这篇赋，却始终没有回头。数年后，废后陈氏抑郁病亡，被埋在她外祖父汉文帝的霸陵附近。

汉武帝刘彻皇后卫子夫

卫子夫（？－前90），汉武帝刘彻皇后，河东平阳（今山西临汾）人。父郑季，母卫媪。公元前128年被立为皇后，谥号"思后"。公元前90年，由于其子刘据被诬陷造反，卫子夫被迫自杀。

以色受宠　被立为后

汉武帝刘彻

卫子夫出身卑微，母亲卫媪是平阳侯家婢女，卫媪与在平阳侯府中供职的郑季私通，生了三男三女，卫子夫就是她的第三个女儿，汉代奴婢生女也是奴婢，所以卫媪的子女在身份上讲也是奴婢。卫子夫天生丽质，而且身材窈窕，后来，便被平阳公主带到长安的公主府，成了公主府中的一名歌伎。

武帝即位初的几年里，后宫妃子没有生子，平阳公主便在民间搜求清白人家的女子十几人，安置在公主府中，以便进献武帝。建元二年三月，武帝去霸陵祭神，回宫时来到平阳公主府，平阳公主就向武帝献上家中的美女，但是武帝看到这些美女并没有什么兴趣。于是平阳公主置办酒宴，让府中的歌女前来助兴，武帝望着这些翩翩起舞的歌女，目光突然停在了舞姿优美、容貌动人的卫子夫身上。平阳公主立即明白了武帝的心意，让卫子夫侍奉武帝更衣，武帝迫不急待在更衣时宠幸了卫子夫。武帝回座后，十分高兴，赏赐平阳公主千金。酒宴之后，平阳公主就向武帝禀奏进献卫子夫入宫服侍武帝，武帝十分喜欢，于是把卫子夫一同带回宫中。

　　后宫佳丽众多，卫子夫进宫后，武帝很快便把她忘了。后一年多的时间里卫子夫没有见到武帝，当时正值宫中遣送无用的宫女，心灰意冷的卫子夫请求武帝把她遣散出宫。这时，武帝才想起昔日宠幸的楚楚动人的卫子夫，于是重新召见她，从此，卫子夫得宠。而她的兄弟卫青也因英勇善战成为武帝的近臣。卫子夫一连为武帝生了三个女儿，深受武帝恩宠，但她依然谦柔有礼，从不干涉武帝，这样武帝对她更是喜爱。元朔三年(前128)，卫子夫又为汉武帝生下了一个男婴，取名刘据。汉武帝29岁得了这个儿子，特别高兴。母以子贵，卫子夫生下刘据不久，便被立为皇后，入主后宫。与此同时，卫子夫的兄弟卫青及其外甥霍去病二人统兵出击匈奴，屡立战功，这也使得卫子夫更加显贵。

子遭诬陷　　绝望身死

　　随着岁月的流逝，卫子夫姿色日衰，加之武帝的其他妃子又接连生了几个儿子，所以卫子夫不再似以前那般受到宠爱。在诸子中，武帝特别喜爱钩弋夫人生的儿子刘弗陵。弗陵长得又高又壮，聪明伶俐，武帝认为这个儿子气度不凡，很有他的风范，而认为太子刘据不够凌厉，缺少魄力，不像自己的风格，因此武帝有心让弗陵继承帝位，逐渐开始冷落卫子夫母子。

　　公元前117年霍去病英年早逝，公元前106年卫青亦辞世，卫氏家族少了这二人，卫子夫和太子的重要支柱倒下了。早年卫子夫以色得宠，年老后以家族显贵，此时族中重要人员死去，她的地位岌岌可危。武帝向来和皇子们的关系疏远，这也就为一些心存不轨的人创造了机会，其中以绣衣使者江充为最。江充曾与太子有过争执，害怕武帝死后，太子即位报复他，于是决定先下手除掉太子。

　　这时68岁的武帝年老多病，江充借机说这是因为宫中弥漫着巫蛊之气所致。武帝信以为真，就命江中、韩说、章赣等人到宫中仔细查看。江充等人搜查完一些被武帝冷落的妃子住处后，就来到太子刘据的宫殿中搜查。他们在太子宫殿中拿出了事先准备好的木偶，硬说是从太子这里找出来的，太子有口难辩，皇后万分惊恐。情急之下，太子与他的师傅商议，只能铤而走险杀了这一伙小人，卫子夫也觉得只能如此了。于是，江充、韩说等人被杀，而章赣却逃往甘泉宫向武帝报信，说太子谋反。太子见冤情难以澄清，情急之下只好举兵自卫。武帝听说太子谋反，顿时大怒，派丞相指挥大军与太子的队伍在长安城中血战五日，最终太子

卫　青

寡不敌众，走投无路自杀而亡。

太子刘据死后，武帝余怒未消，又遣宗正刘长乐、执金吾刘敢，奉策收回皇后玺绶，皇后卫子夫被迫自尽。

卫子夫死后被装进又窄又小的棺材里，埋在长安南郊。一直到汉宣帝刘询即位，因为宣帝是太子刘据遗世的唯一血脉，这才改葬卫后，追谥为"思后"。

汉元帝刘奭皇后王政君

王政君(前71—13)，西汉第九个皇帝——元帝刘奭的皇后。王政君本是汉宣帝时的宫女，宣帝把她赐给太子刘奭，先封为婕妤，刘奭即帝位时，册封为皇后，汉成帝生母。

非凡之女　侥幸为后

《汉书》记载，王政君的母亲李氏怀孕时，就曾"梦月入其怀"，就是说，王政君还未出世，就已非同寻常了。宣帝本始三年(前71)，王政君出生。那时，她的父亲王禁只是一个小小的廷尉史。王禁胸怀大志却"不修廉隅"，同时还喜酒好色，娶了几房妻妾，生有四女八男：长女君侠，次即王政君，再次君力和君弟；长子王凤以下有王曼、王谭、王崇、王商、王立、王根、王逢时。政君与王凤、王崇同为王禁之正妻李氏所生。后来，他们不少人都因为王政君的裙带关系当了大官，对西汉末年的政治风云起到了推波助澜的作用。其中王曼死得早，但他的儿子王莽，竟还做了皇帝。

成年后的王政君出落得如花似玉、美艳端庄，且知书达理，琴棋书画、声乐歌舞样样精通，是当地有名的才女。待字闺中时，父亲将她许配了人家，可是，几次都没等迎娶过门，许嫁的男子就死了。后来东平王聘她为姬，同样没等到洞房花烛，也一命呜呼。接连发生这样的事，王禁不免暗暗称奇：难道女儿命硬，有克夫之灾？为了弄清究竟，他请了个会相面的半仙为王政君算命。半仙对王禁说王政君是大富大贵之人，王禁信以为真，指望女儿有一天能出人头地。

王政君18岁那年，汉宣帝刘询的皇后身边缺少知书达理、精通诸般技艺的宫女，王禁就把王政君献了上去，希望女儿有朝一日能得到皇帝宠爱生子。然而，王政君入宫一年多，皇上根本就没看她一眼，更别提当宠妃生贵子了。正在意志消沉的时候，命运却将她推进了太子妃的候选人之中。

当时，皇太子刘奭非常宠爱的司马良娣突然得了大病，不久死去。太子对其十分爱怜，但是司马良娣死时说是姬妾们诅咒她，才让她到这个地步的，所以刘奭从此便对姬妾们恨之入骨，连看都不愿看她们一眼。并且司马良娣死后，太子因悲痛过度而精神颓靡、郁郁寡欢，常常无缘无故地大发脾气，迁怒于其他姬妾，所以她们都不敢进见。日子久了，宣帝了解到事情真相，很为太子担忧。为了顺适太子的心情，特命皇后从后宫中选择可以服侍太子者，任由太子选择挑入太子宫中。一

西汉长信宫灯

日，太子觐见宣帝，皇后就将挑选好的五名美女带来，让太子从中挑选。当时太子心灰意冷，对皇后煞费苦心为他挑选的美人丝毫不感兴趣，可是又不忍辜负皇后的一番苦心，于是就随手指了一位，而这一位就是王政君。当时，王政君的位置离太子最近，并且穿着大红色的鲜亮衣服，在五人之中非常显眼。于是，皇后命人将王政君送到太子东宫。在王政君进东宫之前，太子后宫的姬妾数十余人，包括死去的司马良娣，有的甚至被"御幸"长达七八年之久，但都未怀孕，而王政君则是一幸而有身孕，从此开花结果。

宣帝甘露三年(前51)，王政君产下一龙子，即后来的汉成帝。由于这个男婴是嫡长皇孙，汉宣帝对他异常怜爱，亲自为他取名"骜"，字太孙，并且常常把他带在身边，精心培养。

黄龙元年(前49)，宣帝死去。太子刘奭即位，就是汉元帝。年仅3岁的太孙刘骜被立为太子。于是，王政君由太子之妃升为婕好，三天之后，又被立为皇后。

自从王政君生下刘骜后，便很少被刘奭召幸。在王政君遭受冷遇的时候，元帝对傅昭仪却是非常宠幸，因此对傅昭仪所生的儿子定陶王刘康十分钟爱，认为他多才多艺，"坐则侧席，行则同辇"，形影不离。因而，渐渐地对王政君所生的太子刘骜就不那么满意了，尤其是后来太子常饮酒作乐，元帝更觉得他无德无能，不堪大任，就想废掉刘骜，改立刘康为太子。这使王政君与太子都忧惧不安，后来多亏元帝的宠臣史丹多方斡旋，鼎力相助，才化险为夷。

一次，元帝患病，一人独寝，史丹借在宫中侍候的机会，跪到元帝卧榻之旁，涕泣满面地说："皇太子以嫡长子而立，已十几年了，天下臣民，无不归心。现在外面流言纷纷，传说陛下要改立定陶王，废当今太子，果真如此，公卿定然不会奉诏。臣愿先被赐死。"元帝见他情切意哀，明白废立太子一事阻力很大，喟然长叹："我也是左右为难。太子与定陶王都是朕之爱子，我怎能不替他们考虑？但念皇后为人谨慎，遵法循礼，先帝又喜爱太子，朕岂能有违先帝于地下？你不要再多说了。我的病恐怕难以痊愈，到时候，还望你们好好辅佐太子，别让我失望

才好。"就这样，太子刘骜的嗣君身份才没有改变。王政君也度过险关，依然做她的皇后。

竟宁元年（前33）五月，43岁的元帝病死，太子刘骜即位，即汉成帝。王政君被尊为皇太后，移居长乐宫，从此王政君再也不必像往日那样小心谨慎了。

王氏专权　打击异己

刘骜即位后，依然饮酒作乐，不理朝政，因此朝中大小一切事务均由王政君一人掌控。王政君认为权力必须牢牢掌握在自己的手中，于是，她借操纵了朝政的便利，将自己的兄弟王凤封为大司马大将军领尚书事；将王崇封为安成侯，食邑万户；王谭等也因此加官晋爵，配享食邑。兄弟皆为列侯，作为政府百官之首的"大司马大将军领尚书事"一职，几乎为王氏垄断。

汉成帝时，其后宫出现过一系列争风吃醋、群美斗法各显神通的波澜画面。然而不管怎样，没有谁能跳出王家强大势力的围剿，没有谁能逃出皇太后王政君这个"如来佛"的手掌心。作为汉成帝的母亲，当时的"皇太后"王政君牢牢把握着后宫的生杀大权，先后把许皇后、赵飞燕姐妹彻底打败。

成帝即位后，立许氏为皇后。许氏的父亲叫许嘉，因为许后得宠，许嘉官拜车骑将军，权倾一时，与当时王氏一族经常发生冲突，存在权力和利益之争。许氏一族势力的壮大，对皇太后王政君和王氏诸人构成较大的威胁，于是皇太后对许皇后展开了打击。汉家的传统，后父重于帝舅。当时有人劝说王凤："车骑将军（许嘉）是皇后之父，将军身为国舅，要对他尊敬，不要让他有何不快。小不忍则乱大谋，不可不慎。况且前车之鉴，有目共睹，愿将军明察。"

对此态势，皇太后王政君和她的王氏家族却不能坐视不理，他们借口许皇后专宠会影响皇帝继嗣不广，减省皇后所居的用度开支，借以裁抑皇后的势力。在此前后，灾异不断，按当时人的天命观与阴阳五行理论，认为当归咎于后宫。这正给了王政君与王凤兄弟以有力的证据，就连成帝也无话可说。许皇后无可奈何，由此宠爱日衰。许嘉也因成帝一纸诏书，以特进侯退出辅政大臣之位。

许皇后失宠后，许后的姐姐以媚道之法诅咒后宫的事情败露，身为太后的王政君极为愤怒。许皇后的姐姐被诛杀，许皇后也被废黜于上林苑中的昭台宫，当时是鸿嘉三年（前18）十一月。做了14年皇后的许氏被王政君废黜，许氏宗族均被赶出京师，回到老家山阳郡（今山东金乡西北）。

永始元年四月，即公元前16年，成帝册立赵飞燕为皇后，赵合德则被封为昭仪，从此赵氏姐妹此唱彼和，一同受宠。但是，她们没能因此而一劳永逸。绥和二年（前7），汉成帝暴死于未央宫。消息传出，朝廷民间俱为震惊，皆认为赵昭仪是杀死成帝的罪魁祸首，王政君下令赵合德自杀谢罪。

汉成帝死后，汉哀帝继位。因为赵飞燕有恩于哀帝，哀帝继续让她当了皇太后。但好景不长，哀帝一死，王氏家族又逼迫赵飞燕自杀。许后被废，赵氏姐妹先后自杀，此后一段时间里再也没人能够和王氏家族竞争，其势力牢固如铁桶一般。

起用王莽　自毁汉室

王莽，是王政君三弟王曼的儿子，他年少时家境贫寒，但对长辈"曲有礼意"，当年王凤生病，王莽服侍左右，忙里忙外，以至于"乱首垢面"。王凤在将死之际，托付太后予以提拔，王政君听了王凤的话，开始重用王莽。成帝时，她封王莽为新都侯，此后又连续提升为骑都尉、光禄大夫、侍中。王莽在宫中"宿卫谨敕"，"节操愈谦"。他广泛结交朝中高官，救济名士，家里不留余财，连自己的军马衣服都用来"振施宾客"。许多官员纷纷举荐、称

王　莽

颂他，王莽由此"虚誉日隆，倾其诸父矣"，38岁时被升任为大司马。

哀帝即位后，外戚丁、傅两家辅政，王莽以退为进，辞官回封地，闭门自守。在此期间，他仍时刻注视着朝政变化，并继续培植势力，不断扩大自己的政治影响。有一次，他的儿子杀死一个奴婢，王莽大怒，逼令其子自杀偿命。这一举动，使得朝野上下震惊，很多人上书皇帝，要求让他重新归朝执政。不久哀帝按照太后的旨意征召他入朝，王莽重回权力的中心。

哀帝死后，王政君接管了皇帝的玉玺，以太皇太后的身份临朝称制。王莽重新出任为大司马，并拥立中山王刘兴9岁的儿子刘衎为帝，是为汉平帝。此时，王政君把中枢机关尚书台、调动军队的符节、皇宫的卫队全都交给王莽掌管，百官奏事也由王莽处理，王莽真正地掌握了国家的大权。

为进一步巩固地位，从而使自己能够登上帝位，王莽采取了一系列的措施，培植自己的党羽，形成一个庞大的政治集团；铲除所有异己势力，翦除丁、傅两家；公元1年，王莽出任太傅、安汉公，并把女儿嫁给汉平帝刘衎为后，又被正式加赐给九锡（这是上古帝王对重臣的最高封赏）。

王莽不准汉平帝的生母入京，又找借口杀光平帝舅家，只留下帝母卫后一人。平帝对此十分不满，王莽知道后，就在献酒时将刘衎毒死，然后册立汉宣帝玄孙年仅2岁的刘婴为帝，而自己则以摄政的名义执天子之政，做起"摄皇帝"了。此时的王政君再也没有能力出面阻止王莽了，她怎么也没有想到，自己一手栽培的

侄儿竟欲篡夺她儿孙的天下！但悔之晚矣，一切都已成定局，无法改变了。随着地位的逐渐提升，王莽企图代汉的野心越来越强烈，他的党羽纷纷劝他即位做皇帝，一直以推让出名的王莽此时也不再推让了。王莽经过多年努力，从比较低微的人，逐渐升迁到掌握朝政，最后终于如愿实现野心。公元8年，王莽自称皇帝，改国号为新，史称新朝。奉太皇太后上"新室父母太皇太后"的玺绶，去掉汉朝的称号。

王莽做了皇帝，他想要达到的目的几乎都达到了，只是传国玉玺还在王政君手中。因此，他称帝不久，便迫不及待地遣王舜去长乐宫向太皇太后王政君索要"汉传国玺"。太皇太后大怒，指着王舜骂道："你们父子宗族，蒙受汉朝的恩德，才有今天的富贵。可是现在你们不但不予报答，反而趁汉家孤寡之时，乘机夺取汉家天下，做人如果都像你们这样，恐怕连猪狗都不如。我是汉朝的老寡妇，说不定哪天死了，我就让这个传国玉玺随葬，王莽休想得到它。"说完太皇太后已泣不成声，这时王舜也假装悲伤地说："王莽一定要得到这个传国玉玺，您如果真不交出它，难道就不考虑这件事的严重后果吗？"太皇太后担心王莽得不到这个玉玺会不择手段，于是气愤地将玉玺摔在地上，大骂王莽及其党羽。

公元13年，太皇太后王政君以84岁的高寿离开人世，并与元帝合葬于渭陵(今陕西西安咸阳市北)。

汉成帝刘骜皇后赵飞燕

赵飞燕(前45－前1)，原名宜主，父赵临，长安(今陕西省西安)人，汉成帝刘骜的皇后，能歌善舞，体态纤美，轻盈如燕，相传其能在掌中起舞，故称"飞燕"。

能歌善舞　色迷成帝

赵飞燕的父亲赵临是汉代官奴，日子过得穷困潦倒，赵飞燕出生后，因家贫无力抚养，赵临将她扔到荒郊野外。孩子是扔掉了，但赵临却心头难安，晚上做梦总是梦见婴儿在哭，四天后他怀着一颗忐忑不安的心再次悄悄来到扔孩子的地方，没想到，婴儿还活着，他想这个婴儿将来一定是不凡之人，就又把婴儿抱了回来。十几年后，这个婴儿长成了体态婀娜、面如桃花的妙龄少女。阳阿公主见赵飞燕容貌可人，就让她在公主府做了歌伎。赵飞燕天资聪明过人，几年下来，歌如莺语，舞似燕翔，技艺远在群芳之上，公主当下为他取名曰"飞燕"。一时间，飞燕名满长安。

汉成帝有一次微服出行，来到阳阿公主家。公主召歌伎为成帝助兴。赵飞燕那勾人魂魄的眼神、清丽动人的歌喉、婀娜曼妙的舞姿，一下子就迷倒了成帝。于是，汉成帝便将她带回了宫中。

赵飞燕秀丽的姿容、轻盈的身材和出众的舞

赵飞燕

技，使得她在后宫嫔妃中如鹤立鸡群。汉宫中有个太液池，池中突起一块陆地，叫瀛洲，洲上特建一高榭，高达40尺。一次，赵飞燕穿着南越进贡的云水芙紫裙，碧琼轻绡，在那高榭之上表演歌舞《归风送远之曲》，成帝兴奋地以玉环击节拍，冯无方吹笙伴奏。飞燕越舞越轻，有种想要乘风归去之态，歌舞正酣，忽然起一阵大风，飞燕随风扬袖旋舞，像要乘风飞去，多亏冯无方抓住她薄如蝉翼的云水裙。通过这次歌舞，汉成帝怕大风把赵飞燕吹跑，特地为她大兴土木，花巨资为她筑起一座华丽的"七宝避风台"居住。

赵飞燕身材窈窕，体态极其轻盈，举步翩然若飞。也许是因为有着罕见的身材，而且具有下苦功夫得来的超凡"内工"，传说她竟能站在掌上起舞。太监两手并拢前伸，掌心朝上，赵飞燕就站在其掌上，在极小的面积上做出各种舞蹈动作，扬袖飘舞，宛若飞燕。

汉成帝为了欣赏赵飞燕的舞蹈，还别具匠心地为她特制了一个水晶盘。一次，在招待外国使节的宴会上，他命宫人用手托盘，让飞燕在盘上歌舞，赵飞燕在盘上起伏进退，下腰轻提，旋转飘飞，就像仙女在万里长空中迎风而舞一样优美自如，把外宾们一个个都看得目瞪口呆，他们一次又一次地鼓掌喝彩，汉成帝当然更加开心，由此而更加宠爱赵飞燕。

赵飞燕不仅漂亮，心思也非常缜密，为了紧紧抓住成帝的心，她又把容貌更胜她一筹的妹妹赵合德，推荐给成帝。赵合德入宫数日，就被封为婕妤，两姐妹轮流承欢侍宴，成帝甚至对赵合德的宠爱胜过了赵飞燕。一刻见不到赵氏姐妹，便心神不安。姐妹俩的话，成帝更是言听计从。原先被皇帝宠爱有加的许皇后与班婕妤，此时备受冷落。许皇后被成帝废掉了，班婕妤也去侍奉皇太后了。永始元年（前16），赵飞燕被册封为皇后，赵合德也由婕妤进封为昭仪。从此赵氏姐妹掌握后宫生杀大权，不可一世。

工于心计　残害帝嗣

　　赵氏姐妹虽得专宠，但却从未怀孕，这使得赵氏姐妹担忧起来，而成帝偶尔临幸的其他妃嫔宫女，不少人都怀有身孕。为保住凤冠和昭仪的封号，于是赵飞燕想出了一个妙计，命宫女告诉成帝说她有孕在身了。成帝一听皇后怀孕，心花怒放，立即就要前往皇后宫中探望。但是赵飞燕并未怀孕，因此她派自己的宫使王盛去劝阻成帝，说是怀孕的女人若与男人亲近，哪怕只是触摸，都有可能会导致胎儿流产。听了此话，成帝整个孕期都没去她那里，但不断派使者前去探访。转眼间，到了孕满生产的日子，赵飞燕腹中空空，但她早有准备，派王盛在城外向穷苦人家买了一个刚刚出生的男婴，装在盒里带进宫来。打开盒子，两人却傻了眼，原来为求隐秘，盒子被盖得过于严实，婴儿已经被憋死在里头了。于是王盛再次出发，又买了一个男婴，装在能透气的器具里想要带回来。谁知这一次只要走近宫门，盒中的婴儿便啼哭不止，根本无法携带入宫。主仆二人只得打消这个主意。于是赵飞燕写了一道奏笺送给成帝，说自己"昨梦龙卧，不幸圣嗣不育"，宣布流产，将这出骗局草草收尾。

　　此后宫里的嫔妃纷纷怀孕生子，赵氏姐妹就利用成帝对她们如痴如狂的迷恋，不择手段地摧残宫人。一位叫曹宫的宫女，"进御"之后生了一男孩，这对年逾40仍无子嗣的成帝来说是一大喜事，然而赵氏姐妹闻讯后，立即派人去杀害此婴儿，同时把曹宫及其孕满生产时在身边侍候的6名宫女全部杀害。过了几天赵氏姐妹听说那个婴儿没有死，被人偷偷地放在宫中抚养，于是，赵合德再次派人将那个婴儿杀掉。

西汉加彩女陶俑

　　后来，许美人生一子，赵飞燕马上告诉赵合德，赵合德一听就在成帝面前哭闹不已，而且宣布自己要绝食自尽。成帝一听赵合德要绝食，顿时也宣布绝食。赵合德一见这个局势，立即顺风扯帆："你绝食干什么？绝食又有什么用！你经常对我说，决不会辜负了我，可是如今你却让许美人生出了孩子，违背誓言辜负了我，我才会如此伤心。你自己说该怎么办？"

　　成帝一听事情还有回旋的余地，立即指天誓日发愿："我答应了要让你们姐妹成为后宫之主，就绝不会反悔，更不会复立许氏。你放心，天下不会再有女人超得过你们的地位！"

　　为了表示诚意，他立即从地上爬起来，给许美人写了一封信，然后叫来严靳，吩咐他立即将这封信送到许美人那里。许美人看信之后，将孩子交给了严靳。但她怎么也没想到这一刻竟是自己与儿子的永别。严斳按成帝的吩咐将孩子送进饰室便离开了。接下来，赵合德将殿外的3名侍者唤进来，让侍者打开苇箧。孩子刚刚显露出来，刘骜便立即让侍者离开并亲自起身关紧门窗。过了须臾，门打开了，刘骜亲自指挥着三人将苇箧封严并推到屏风东面，又召来中黄门吴恭，让他将装在苇箧里毫无生机的孩子送往皇家监狱。这样，刘骜为讨爱妃欢心亲手杀害了自己的儿子。赵氏姐妹尽管如此，成帝对她们的宠爱仍然有增无减。

赵氏姐妹继续摧残怀孕嫔妃，以致"生下者辄杀，堕胎无数"。致使成帝从此绝嗣，只能在皇族中另择皇储。当时民间曾流传有这样一首童谣："燕燕尾涎涎，张公子，时相见。木门仓琅琅，燕飞来，啄皇孙，皇孙死，燕啄矢。"说的就是赵飞燕。"燕燕尾涎涎"说的是赵飞燕的美貌，"木门仓琅琅"说的是她将当皇后。

绥和二年(前7)三月十八日，成帝死于未央宫的白虎殿。成帝一向体格健壮，素无病恙，突然抱病而亡，宫中众说纷纭。飞燕姐妹在宫中树敌太多，一时间，矛头直指她们姐妹。皇太后王政君命大司马王莽追查成帝死因，矛头直指赵合德。赵合德自知罪责难逃，自杀而亡。

成帝驾崩，太子刘欣即位，即汉哀帝。赵飞燕因为帮助定陶王刘欣即位，所以哀帝对她仍是礼遇有加，尊她为皇太后。6年后，哀帝去世，朝中群臣指责赵飞燕"失妇道，淫乱宫帏，不生育，断了皇室的后代"等，削去太后封号，迁居到北宫。过了一个多月，又废之为庶人，令其迁出皇宫，移住成帝的廷陵。在一次重于一次的打击之下，赵飞燕彻底绝望了，终于自杀身亡。这样，风光一时的赵飞燕就这样香消玉殒了。

汉光武帝刘秀皇后郭圣通

郭圣通(? - 52)，汉光武帝刘秀皇后。真定(今属河北)人。父郭昌，官功曹。25年被立为皇后。她陪伴刘秀戎马征战十五载，终因色衰被废，抑郁而死。

更始元年(23)，景帝七代孙刘林等拥立邯郸(今属河北)人王郎为皇帝。翌年，破虏将军行大司马事刘秀举兵河北，讨伐王郎。大军进至真定国时，国中盛传郭昌把田宅财产数百万让给异母弟之事，郭昌名声大振。刘秀听说郭家有位妙龄女郎郭圣通，便登门求婚娶为妻。

更始二年(24)，刘秀平定黄河以北地区，与更始帝刘玄决裂，在洛阳即位称帝，以明年为建武元年。此时，他很宠爱郭圣通，郭圣通为刘秀生了儿子刘强。建武元

汉光武帝刘秀

年(25)六月，光武帝刘秀立圣通为皇后，刘强为皇太子。在此后的岁月里，郭圣通还为刘秀生了4个儿子。

然而随着时光的流逝，本不秀丽的郭皇后容颜消退，与后宫的三千佳丽相比更是黯然失色。刘秀开始慢慢疏远郭皇后。刘秀34岁那年，宠妃阴丽华为刘秀生下了儿子刘庄，这使得刘秀更加顾不上郭皇后。被冷落了的郭皇后妒忌那些有姿色的嫔妃，尤其是阴丽华。她的脾气也因此变得十分暴躁，嫔妃们都很怕她，并且私下里还常说她的坏话。圣通皇后的名声越来越坏，光武帝时有耳闻，因此对她越来越厌烦。

建武十七年(41)，光武帝一道诏令废黜了圣通皇后，另立阴丽华为后。但刘秀却念及郭氏和她的弟弟郭况为他统一天下立下的功劳，因此没有按惯例把废后圣通幽禁冷宫，而是将她封为中山王太后，随她的儿子中山王刘辅去了中山国。郭圣通在中山国的都城卢奴(今河北定县)王宫度过了3年的时光。刘辅后被徙封为沛王，她又成了沛王太后。皇太子刘强见母亲被废，便奏请革去皇太子称号，做个藩王。光武帝刘秀思量再三，封刘强为东海王，另立刘庄为皇太子。

光武帝刘秀觉得有负郭家，所以十分优遇圣通的弟弟郭况及其父母，这一切对郭圣通来说确实是个安慰。建武二十八年(52)，郭圣通抑郁而死。她生前被逐出皇宫，死后又入葬皇陵区。

汉光武帝刘秀皇后阴丽华

阴丽华(？－57)，光武帝刘秀皇后，南阳新野人。父亲阴睦，母亲邓氏。建武十七年(41)被立为后。她以其德行赢得了光武帝的宠爱。谥"光烈"，史称"光烈阴皇后"。

美貌颖慧　嫁与皇族

阴丽华出生于今河南南阳。阴家先世是辅佐齐桓公"九合诸侯，一匡天下"的管仲一脉，传到第七代管修，以医术名闻于世，从齐国迁居楚国，为阴大夫，便以"阴"为姓。秦汉之际，阴氏子孙又迁居到南阳新野。阴丽华天生丽质，聪明颖慧，稍稍长大后，出落得亭亭玉立、楚楚动人。再加上她性情温柔，知书达理，且豁达大度，左右邻居无不称赞。一时间她的名声传遍南阳各地，远近不少贵族和富家子弟都慕名前来求婚，但都被她的父亲婉言谢绝了。

南阳当时还有一位著名人物，即后来的汉光武帝刘秀，他是汉高祖的九世孙，长沙定王的后裔，9岁而孤，寄养在叔父刘良家里。他有两个哥哥，长兄刘縯，次兄刘仲，都气度恢宏，轻财仗义。刘秀更是生得一表人才，待人接物，慷慨磊落，行事更是睿智勇毅。刘秀对阴丽华的名声早有耳闻，更想一睹阴丽华的芳容。阴丽华的哥哥与刘秀是多年的同窗好友，颇为相知。他知刘秀胸怀大志，又一表人才，就将刘秀引见给妹妹，结果阴丽华与刘秀二人一见倾心，刘秀向阴丽华表明自己的心迹，一定要干一番大事业再来娶她。于是刘秀立下"仕宦当作执金吾，娶妻当娶阴丽华"的志愿，这一志愿在当时看来只是不着边际的空想。因为当时汉代已历12帝，总计213年，帝裔子孙众多，不可能一一照顾周全，更何况当时王莽已经篡位称尊，刘氏子孙更是受到了前所未有的无情摧残。刘秀一家早已失去贵族的身份，在乡里的财势与声望上，刘家似乎还比不上阴家。刘秀虽爱慕阴丽华，但真正把她娶过来作为自己的妻子，还是一件十分渺茫的事。于是刘秀为了实现这两个志愿来到长安。

王莽篡汉以后，推行了一连串雷厉风行的措施：恢复井田制度，设置六关、五均、赊贷等经济制度，改革币制，复古建制，变更官制。因为准备不周，食古不化，执行操切，政令芜繁，造成经济萧条、民生凋敝、荒旱连年、盗贼蜂起的局面。想要在王莽新朝获得立足之地，更是谈何容易。为了完成他的两个志愿，时势迫使他不得不另谋发展。

当时，樊崇起兵于山东一带，把眉毛涂成红色，号称"赤眉军"；王匡起兵于湖北，号称"新市兵"；王常起兵于江陵，号称"下江兵"；陈牧起兵于荆襄，号称"平林兵"；刘秀也从长安回到故乡，号召家乡子弟起兵抗暴，号称"春陵兵"。刘秀和他哥刘縯领导的"春陵兵"与"绿林军"联合组成汉军，反莽复汉。因昆阳一战刘秀名声大振，名扬天下。王莽兵败自杀，刘玄被农民起义军拥立为帝，号更始，刘秀被封为大将军。刘玄怕养虎为患，削去刘秀的兵权，所以刘秀空有大将军的头衔。但他仍然踌躇满志，要去实现自己的另一心愿。刘秀带领大队人马，来到南阳，风风光光地娶了阴丽华。

高风亮节　谦让后位

更始皇帝称帝后开始杀害功臣，他首先杀了刘秀的哥哥刘縯，接着就要对付刘秀。深明大义的阴丽华建议新婚的丈夫离开自己去河北一带壮大势力。刘秀不得已离开娇美的妻子带领数百人马渡过黄河，一路抚慰流亡，废除苛政，排除万难，争取民心，赢得了河北诸郡的爱戴和拥护。当时，邯郸地方有一个以卜卦为生的术士王郎，乘群雄并起之际，诈称是汉成帝的儿子刘子舆，自立为王，声势浩大，是刘秀在河北扩展势力的主要障碍。刘秀为了彻底击灭他，必须借重刘扬的势力。作为权宜之计，他娶了刘扬的甥女郭氏为妻，终于借得精兵10万，击败王郎，割据河北，取得了争霸一方的基础。随着实力的不断壮大，他拒绝了更始皇帝的封号，另树一帜，不久即帝位于鄗南的千秋亭，以建武为年号，定都洛阳。

刘秀称帝后的第二年，想立皇后。但是在册立皇后的问题上就出现了一个问题："是立郭氏为后呢，还是以阴丽华为后？"尽管郭氏是刘秀患难相随的红粉知己，在戎马倥偬的岁月中，郭氏一直追随左右，并已生有一子，却只得了一个贵人的称号。而阴丽华是刘秀的结发妻子，刘秀一心一意要把皇后的位置留给她，星夜派侍中傅俊将她迎来洛阳。当刘秀郑重其事地提出，自己将要册封她为皇后的时候，阴丽华表现出了高风亮节，她大公无私地拒绝了。她告诉刘秀，刘秀现在的儿子是郭圣通生育的，而她也不知道自己未来是否能够为他生育儿女，所以，为了不伤害孩子，当皇后的不应该是自己，而是郭圣通。阴丽华还通情达理地说："困厄之情不可忘。"结果刘秀只好立郭圣通为后，立其子刘强为皇太子，封阴丽华为贵人。

阴丽华的谦德与她的家风是密不可分的。天下初定，阴丽华的哥哥阴识因随军征战有功，刘秀本拟破格封赏，以示对阴丽华的补偿，然而却受到阴识的谢绝。阴识说："天下初定，将帅有功的很多，臣托属外戚的关系，不能示天下以不公。"这是建武二年的事。两年之后，即建武四年(28)，阴丽华随侍光武帝征讨彭宠，在河北生下一子，就是后来的汉明帝刘庄。阴丽华的另一个兄弟阴兴当时为黄门侍郎，指挥武骑，随军征伐，算是刘秀的贴身侍卫长，每次出入，都拿一个小盖伞为刘秀遮风蔽雨。建武九年，刘秀升迁他为侍中，赐爵关内侯，印绶已经准备妥当，阴兴却坚决辞让。

这一切都使刘秀对阴丽华更是宠爱有加，阴丽华陆续生养了5个子女，这便使得郭皇后对刘秀"数怀怨怼"。这种怨怼之情明显违背了刘秀倡导的"宫教"，再加上郭皇后不能同宫内其他妃妾友好相处，也不能很好地抚育其他妃妾的子女，刘秀于建武十七年(41)一纸诏书废除了郭皇后，立阴丽华为皇后。刘秀亲自草拟诏书，说明废郭皇后、立阴丽华的道理："我在微贱的时候，就娶了阴贵人、由于兵荒马乱，被迫别离。幸亏老天有眼，我和她劫后余生，再次团聚。对她的美德我非常了解，因此想要立她为皇后，她却坚持推辞，甘愿为姬妾。我敬慕她的谦让高尚，曾经想要封她的弟弟们为侯爵。可是没想到，他们没有得到我的封爵，却陆遭祸患，母子俱丧。我十分愧疚伤怀。虽然他们不能活着享受高官厚禄，身后也应该得到尊荣。"

母仪天下　美名远扬

阴丽华虽然真的没有当皇后的念头，但由此也明白了刘秀对她的真情厚意，心中自然是十分满足。她仍和先前一样，恭俭仁厚，谦让自抑，谨慎柔顺，矜惜慈爱，当时的人们都称她为贤后。她为了安慰郭圣通和郭氏家族，也让太子刘强宽心，向刘秀提出了一些有益于郭家的建议。于是郭圣通的哥哥郭况、侄子郭璜、堂哥郭竟、堂弟郭匡、叔父郭梁的女婿陈茂都得到刘秀的封赏，提前得到了"皇太后家族"的待遇和爵位。郭圣通也因此成为中国历史上唯一一位不入冷宫反得尊崇的废后，郭氏家族也成为史上唯一一个非但没有遭殃丢命，反倒全家升官发财的废后家族。

太子刘强对母亲的被废感到十分伤心，身居太子之位也深感不自在，于是向父亲上书表示要让出太子位给阴丽华的长子刘庄。刘秀与阴丽华原本觉得父母之间的纠葛不应该连累孩子，也就没有同意。刘强屡屡向身边的官员和其他弟弟表示，自己甘愿去做外藩亲王。这样再三多次，刘秀知道事情已经无可挽回，于是顺其自然地在两年后(建武十九年)做出了决定：改封刘强为东海王，原来的东海王阴丽华的儿子刘庄成为新任太子。

阴丽华对儿子刘庄取代太子刘强的地位心中不安。于是，按照阴丽华的要求，刘秀将刘强的封地再次扩大，使他实际上成为拥有两个封国的亲王，领地合计29县，以此弥补刘强未能登基为帝的遗憾。

阴丽华一生谦德做人，相夫教子，不曾干预朝政，把后宫治理得井井有条，她不仅以身作则，更能约束家人，使刘秀无后顾之忧，专心国事，才使东汉出现了与"文景之治"并称的"光武中兴"的时代。中元二年刘秀病死，阴丽华的儿子刘庄即位，即为汉明帝，尊阴丽华为皇太后。

阴丽华在皇宫之中，安详地度过了晚年。永平七年(64)阴丽华因病去世，享年60岁。明帝为她举行了盛大的葬礼，她的灵柩被护送到洛阳城郊的原陵，与光武帝刘秀合葬。

汉明帝刘庄皇后马氏

马氏（？－79），汉明帝皇后。长安茂陵（今陕西兴平东南）人。父马援官伏波将军，爵新息侯；母蔺氏。60年被立为皇后，谥号"明德皇后"。马氏有母仪天下之风范，素以节俭而著称，是一位贤德圣明的皇后，一生严于律己，宽以待人。

马援追随光武帝刘秀南征北战，后来在一次征战中染病身亡，由于又遭到奸人诬陷，家产被查抄，马家因此而家道中落。当时马夫人因难以承受如此打击而精神失常，年仅10岁的马氏承担起理家的重任。

她指派僮仆各人负责好各人的工作，不要越位也不要推托，一切处置得有条不紊，邻人看见，莫不赞叹。马氏原本与窦家订了婚，但马家衰落后，窦家经常说三道四，马家便与窦家绝婚。后来，太子刘庄选妃，马家便将马氏送入宫中，做了太子的妃子。

汉明帝刘庄继位后，马妃与异母姐姐的女儿贾氏同被封为贵人。不久，贾氏生了一个儿子，取名炟，明帝让马贵人养育刘炟。马贵人对刘炟悉心照料，关怀备至。刘炟很乖，孝性淳笃。母子慈爱，胜过亲生。

明帝即位三年，公卿百官奏请立后。明帝正在考虑，皇太后阴丽华便说："马贵人德冠后宫，皇后非她莫属。"于是，明帝立贵人马氏为皇后，皇子刘炟为皇太子。

马皇后德才兼备，能诵《周易》，好读《春秋》、《楚辞》，尤喜《周礼》、《春秋繁露》，因为贵为皇后，所以节操更加谦肃。她常穿粗糙缯衣，裙子无装饰，众妃对皇后的节俭多有赞誉。嫔妃们喜欢游玩，皇后勤于宫务，很少参加。每当朝政有不周到之处，皇后总是及时提醒明帝。楚王刘英图谋不轨，被废黜后自杀，由于此案牵扯的人很多，案子连年不决。于是，马皇后奏谏明帝，不宜株连太多，应早结此案。明帝夜起徘徊，感悟皇后之言，此案很快了断。

永平十八年(75)秋八月，明帝刘庄驾崩，皇太子刘炟即位，为汉章帝。马皇后成了皇太后，从长

中国后妃传

秋宫移居到长乐宫。章帝欲封三个舅舅为侯，太后鉴于前代外戚贵宠之祸，没有答应。马太后对兄弟、外甥们一向防范很严，她见马家过于奢侈，就停止了每年按惯例赏赐马家的钱财。马氏的母亲死后，坟墓的封土堆高了一些，太后觉得不妥，急令兄长马廖改筑。

建初四年(79)，天下丰稔，社会安定，章帝遂封三个舅舅为列侯。马廖三兄弟受爵后辞官，以列侯归第。这年，太后病终，与明帝合葬显节陵。

汉章帝刘炟皇后窦氏

窦氏(? — 97)，汉章帝皇后。曾祖窦融，东汉开国元勋，官大司徒；父窦勋，追爵安成息侯；母沘阳公主，东海王刘强之女。78年被立为皇后，97年忧郁而死。葬敬陵。

出身名门　不负母望

窦氏是开国元勋窦融的曾孙女。窦融的长子窦穆娶了刘秀女儿内横公主为妻，并且接替他的叔叔窦友任城门校尉。窦穆的儿子窦勋又娶了东海王刘强的女儿沘阳公主。到汉明帝时，窦融祖孙三代，在洛阳城已是官府邸宅相望，奴婢成群。其他功臣甚至皇亲都没有人能和他相比。

窦氏便出生在这样显赫的官宦之家，她是窦勋的大女儿。但自永平五年(62)，78岁的窦融病逝之后，窦家便开始日渐衰落了。窦融的儿子窦穆不修品行，却拥有万贯家财，明帝借口窦穆无力理家财，时常派人监督他家。没过几年，所派之人上奏说，窦穆父子经常抱怨当今皇上忘恩负义。于是，明帝下令窦穆父子离京回老家——扶风平陵。因为窦勋的夫人是沘阳公主，所以仍然留在了京城。没过多久，窦穆又因贿赂官吏而入狱，窦勋因此受到牵连，死在洛阳狱中。这下，窦氏一家如同从天上掉到了地下。而窦氏的童年就是在这样一个破落了的"名门"中度过，这就使知书达礼的窦氏养成了极强的嫉妒性格和复仇个性。

窦氏6岁时就已经是一副美人坯子，同时又写得一手好文章。建初二年(77)八月，窦氏及其妹妹被选入了长乐宫。由于她那如花似玉的容貌及非凡的言谈举止，不仅得到马太后赏识，更得当朝天子章帝刘烜的喜爱。她凭借自己的智慧与后宫嫔妃相处得极为融洽，所以，声誉远播。这为她在群芳中竞争皇后的宝座奠定了基础。

建初三年(78)三月，窦氏被立为皇后，她的妹妹也被封为贵人。这时距建初二年她进宫不过一年多一点的时间。她果然不负母亲泌阳公主的厚望。

但是，另外两对姐妹花也是颇具实力的。大小宋贵人先于大小窦贵人而得宠，她们是马太后的亲戚。其父宋扬是马太后的表舅，她俩是马太后的表妹。这对姐妹花从小就被马太后接进皇宫接受宫廷教育，深知皇帝礼法，当然也是才艺俱佳的人物。到永平年末，太子长大成人后，她们就被送入东宫，深受章帝的宠爱，特别是大宋贵人，是马太后身边的红人。到建初三年四月，她为章帝生下皇长子刘庆，第二年四月，刚满一周岁的刘庆就被立为皇太子，使大宋贵人在后宫的地位一下子显赫起来。

大小梁贵人，有着同大小窦贵人相似的经历。她们的父亲是驸马梁松的弟弟梁竦。陷害马援的梁松，在光武帝时很受信任，官拜太仆，光武帝临终时受遗诏为辅政大臣。但到明帝即位后，就祸事不断，可能是因为陷害马援而被整肃。先是因"私下请托郡县"免官，后又以"飞书诽谤"之罪下狱处死。梁氏一门都受牵连，被流放九真(今越南清化省一带)。只有梁松的妻子舞阴长公主为明帝姐姐，得以留居洛阳。公主怜念一对侄女年幼，奏请明帝让她们留在身边，尽心抚养，也把复兴梁家的希望寄托在这一对姐妹花身上。建初四年(78)秋，小梁贵人为章帝生下皇子刘肇。

斗死敌手　巩固后位

马太后健在时，这三对姐妹花在后宫还能相安无事，每个人的背景也使她们不敢轻举妄动。马太后对待她们也相当公允，不偏不倚。她让窦氏女当皇后，让宋氏女的儿子当皇太子，以保持章帝内宫太平无事。但是，建初四年六月，马太后一去世，后宫就有人蠢蠢欲动了。到小梁贵人生下皇子刘肇后，便是"风波乍起"了。打破这一池春水的，不是别人，而是窦皇后和她的母亲泌阳公主。

建初五年(80)春，皇太子刘庆的母亲大宋贵人偶感身子不适，腰膝疼痛，经御医诊脉开了处方，需用菟丝子作药饵。大宋贵人便修书一封，派一名小太监送去母亲家里，嘱家人去市上购买。这天，小太监走出宫院，刚到掖庭门口，忽然碰上皇后宫中的内侍总管，问他出宫去干什么？小太监不敢隐瞒，只得取出袖中书信，告以实情。谁知内侍总管拦下了大宋贵人的信，说是皇后有令，大宋贵人身子不适，凡汤药诸事，悉由长秋宫派人去办理，不劳贵人亲自费心。说罢，便回去将信交给窦皇后。窦皇后得到大宋贵人的书信，展开一看，暗暗得意，急忙派了心腹内侍去请母亲泌阳公主入宫议事。

原来，自从宋、梁贵人相继生下皇子之后，窦皇后便日夜不安起来。她和妹妹虽然朝夕伴随君王左右，自己又统领六宫，恩宠有加，但无奈的是，她一直未能给章帝产下一女半子。她觉得在受到左右夹攻的形势下，假如不趁早设防，以攻代守，就迟早会有被吞没的危险。于是她同母亲沘阳公主密议，设计了阴谋，先设法打倒宋贵人，再除掉梁贵人，以巩固自己的皇后地位。她让母亲密嘱兄弟窦宪和窦笃在外面伺机寻找宋贵人母家的过失，自己在宫内则叮嘱心腹太监和宫人们时时监视宋贵人的行踪，等待着下手陷害的机会。

几天之后的一个傍晚，窦皇后乘章帝即将驾临长秋宫之前，先装出一副伤心的样子，坐在那里哭泣。章帝兴冲冲进宫，见皇后愁眉泪眼，十分奇怪。只见窦皇后"扑通"一声跪倒在地，哭道："请陛下救救臣妾！"章帝十分惊讶，忙问发生了什么事？窦氏做出胆怯愁苦的样子诉说道："今宋贵人欲谋夺皇后之位，使其母家求得菟丝子为压胜之术（古代方士的一种巫术，用来诅咒、制服人或物）。"章帝一听，非常生气，刚想发作，又有些不信，便问："此话当真？"窦皇后便拿出一封假冒大宋贵人笔迹写的书信，信中果然有"求购菟丝子作咒诅之用"等字样。既然有这样的证据，不由章帝不信，他立即下诏，将大小宋贵人痛斥一顿，令其母子迁出东宫，到承禄观居住。章帝这样做，还是顾惜大宋贵人及皇太子的情分，不忍过分责罚。窦皇后当然不会就此罢手。她日日在章帝面前进谗，数落大宋贵人平日的种种不是，日子一久，章帝渐渐憎恶大宋贵人母子，同时也慢慢地不与她们相见。窦皇后达到了第一个目的，又想出第二条毒计，企图一举把大小宋贵人及皇太子刘庆铲除，斩草除根。

一天，章帝在披阅奏章，忽然见到一份掖庭令写的奏报，记述大宋贵人于某月某日遣小黄门出宫去给母家送信，又于某月某日去请某女巫云云。末了，掖庭令还奏请皇上严加查究。章帝看完，勾起了对前事的怀疑，便准了这一道奏章，命掖庭令负责追查。其实，这个掖庭令就是窦皇后命人暗地买通，要他出面诬告宋贵人的。要他负责查考，无疑于把宋贵人送进虎口。

果然没过几天，掖庭令便复奏上来，不但将大小宋贵人说成是诅咒帝后的元凶大恶，就连皇太子刘庆这个才4岁的幼童，也被诬为帮凶。糊涂的章帝，已完全被窦皇后所惑，一道诏书下去，便将皇太子刘庆废为清河王，另立梁贵人生的儿子刘肇为太子。又将大小宋贵人赶出所居宫院，禁锢别室，命小黄门蔡伦严加拷问。两位贵人根本没有干过此事，当然矢口否认。奉了皇后之命的蔡伦，务必要拿出她们的口供，便以大刑相逼，可怜的娇娇弱女，有生以来哪里受过这般折磨，于是屈打成招，定为谋逆大罪。这是发明造纸的蔡伦所干过的一件不光彩的事。

因为章帝心软，还不忍心将大宋贵人定为死罪，他只是命两人移至别室居住，即便是这样，两位贵人已是痛不欲生，她们深知皇后心狠手辣，唯恐日后惨遭"人彘之祸"，于是在一个风急月黑的夜晚，乘人不备，双双服毒自尽，命归黄泉。章帝闻讯，念及前情，颇有些伤感，命掖庭令将二人安葬于洛阳城北。宋贵人的父亲宋扬也被削职放归故里。但是宋扬回到家乡后，一班势利的郡县官吏，一改过去巴结奉承的嘴脸，因一桩案件把他牵连进去，逮捕入狱，幸亏朋友竭尽全力为他解脱，最后总算出狱，不久，便含恨而死。

清河王刘庆，虽然年幼，却很懂事。为避祸，他从不向人提及自己的母亲。刘肇比他小一岁，兄弟俩两小无猜，关系亲密，废太子位后，刘庆待刘肇更加小心谨慎。皇太子刘肇也仍将刘庆视作亲哥哥。稍大些，刘肇曾在章帝面前为刘庆辩解，说他天性宽厚恭谨，从来没有坏心。章帝听了，勾起父子之情，命窦皇后好生抚育刘庆，所有衣食用品，与太子同等拨给，刘庆与窦皇后入则同室，出则同车。因此，刘庆才能平安无事。

对付大小宋贵人之后，窦皇后便回过头来对付大小梁贵人。除掉大小宋贵人，他用了三年的时间，可谓是用心良苦。这一回，她决定换以凌厉的攻势，以期速战速决。

自刘肇被立为皇太子后，梁贵人一家蒙恩诏，从九真赦还洛阳。梁竦从此回甘肃老家闭门自养，每日以读经书为乐事，不问政事。他怎么也没想到，即使如此，也会触犯皇家，祸从天降！建初八年，忽然有洛阳朝使奉诏来到汉阳（郡名，辖境在今甘肃定西、陇西一带），说梁竦在家结纳盗贼，图谋不轨，想为哥哥梁松报仇，命汉阳太守立即将梁竦逮捕下狱拷问。不久，梁竦便在狱中死去，妻儿又被流放九真。

无疑，这又是窦皇后的阴谋。她同兄弟窦宪、窦笃内外勾结，先使二窦在外庭罗织罪名，诬陷梁竦。然后，又向章帝进谗，说大小梁贵人参与父亲的谋逆，又逼死了大小梁贵人。连光武帝的大女儿、舞阴长公主也因此案而受到牵连，被逼独居新城（今河南伊川西南），即变相地被软禁了起来。

斗死了两对敌手，窦皇后巩固了地位。梁贵人一死，她变成了皇太子的正式母亲，皇后地位更加巩固。

励精图治　族灭身死

章和二年（88）二月，章帝驾崩，太子刘肇即位，他就是汉和帝。当时由于和帝年仅10岁，尊窦皇后为皇太后，太后临朝，朝廷大权落入窦氏手中。这一年窦氏只有27岁。窦太后聪慧过人，精于谋划。章帝时，她曾协助章帝多次处理朝廷政事。因此对于烦琐的朝事，她能轻车熟路地处理，在这一点上，也算是东汉朝的幸运。

窦太后励精图治，提倡儒学，劝民农桑；另外，她还革除当时经济政策中的一些弊病。自西汉武帝以来，国家实行对盐、铁的专卖政策，禁止私人经营，这极大地限制了市场的繁荣。为了再次活跃市场，除去弊端，在窦太后执政期间，就罢除盐、铁专卖政策，听任百姓煮盐和铸铁，从而极大地推动了东汉经济的发展。

88年五月，塞外传来有关匈奴的讯息。匈奴发生内乱，分为南、北两部。北匈奴发生饥荒，有数千人到南匈奴投降。南匈奴的单于派使者送来书信，请东汉王朝出兵，共同消灭北匈奴，永绝后患。窦太后见信大喜。她仔细地衡量了东汉的兵力，认为再有南匈奴为内线，就可以击败北匈奴。她愈想愈觉得此举可行，她决定要建旷世奇功。她把北伐匈奴的军国大事拿出来让群臣商议，大臣耿秉认为："这是天赐之机，匈奴内乱，以夷伐夷，此乃国家之利，宜可听许！"而大多数群臣却说："北虏（指匈奴）凶恶贪婪，自汉兴以来数次征伐，皆无大的成就，今无故开战，恐劳民伤财，于国无益！"然而，太后的心中早有打算，她在心里暗暗做着出征的计划。

正在这时，又发生了一件事。章帝死后，宗室都乡侯刘畅来吊国丧。刘畅身躯伟岸，仪容秀美，太后见而爱之，于是数次召见，情意殷殷，爱意浓浓，刘畅遂成为太后的情人。窦太后之兄窦宪当时任朝廷的侍中，听说太后与刘畅的关系，很是不悦。他既怕朝廷的流言蜚语对太后不利，又怕刘畅得幸，将削弱窦氏的权力。于是，窦宪派人刺杀了刘畅。刘畅被刺，太后大怒，派人调查杀人者，追捕到凶手，才知幕后主谋是窦宪。汉朝法律规定：指使家奴杀人者，主人必须偿命。太后一怒之下，把窦宪拘捕，囚禁在内宫大狱。

窦宪深知自己这位胞妹的性格，她可以毫不顾惜亲情地将他处死。如今，他们的母亲沘阳公主也死去了，连一个为窦宪求情的人也没有。窦宪在狱中冥思苦想，终于想出一条计策。

第二天，窦宪自狱中上书太后，要求率兵北伐匈奴，戴罪立功。窦太后正在物色选拔北伐的人选，可惜都不满意，窦宪的上书正合她意。派哥哥去，既可让他立功塞外，又可赦免其罪，两全其美。于是窦太后欣然应允，她力排众议，充罪奴为兵，征发各州县的粮食，以支援战争。

这年十月，窦太后任命窦宪为车骑将军，耿秉为副，率领屯骑、越骑、步兵、长水、射声等兵马以及羌、胡军队等数十万大军出塞，北伐匈奴。窦太后亲自送窦宪、耿秉至玄武门外，交付了兵符帅印，谆谆叮咛：深入塞外，小心谨慎，遇事多听诸将领的意见，千万不可鲁莽。窦宪自幼熟读兵书，深谙用兵之道，而且此番出征是戴罪立功，故兵至塞外，周密计划，谨慎用兵。在当地胡人的帮助下，熟悉了匈奴地区的山川地理。次年六月，窦宪的大军与匈奴相遇。窦宪、耿秉率军出朔方鸡鹿山，南单于出满夷谷，与北匈奴战于稽落山，大破北匈奴军。北匈奴单于败逃，窦宪大军追赶，又在私渠北鞮海相遇大战，斩匈奴诸王以下13000余人、获牲畜100多万头。匈奴诸裨小王率众前来投降的，共有 81部，20多万人。

窦宪、耿秉率大军出塞外，绝大漠，共计3000多里，功成之后窦宪登上燕然山，令随行护军班固刻石铭功，以宣汉朝威德。从此，南匈奴归附汉朝，北匈奴单于率部西逃，远至欧洲，引起了日尔曼人的大迁徙。东汉帝国消除了自战国、秦汉

东汉骑士俑

以来边境匈奴的威胁。这些大功远远超过了西汉的卫青和霍去病。

窦宪破匈奴的第二年(89)五月，太后派往河西的边帅班超大破月氏，迫使月氏每年向东汉帝国进贡。龟兹、姑墨、温宿等国皆归降汉朝。太后立即嘉奖班超，并重新设置西域都护府，加强对这一地区的控制。

窦太后统治之下，剿灭北匈奴，西建西域都护府，建立了旷世功勋，东汉帝国达到了鼎盛时期。

正当窦太后雄心勃勃治理朝政的时候，一场宫廷政变正在悄悄地进行。

刘庆被废去太子头衔时，年龄不大，而他生母的惨死和外家的贬斥，在他心里留下了深深的烙印。他知道自己的祸福与太子刘肇紧密相连，他们有共同的恩怨。刘肇即位后，他更是倾心相结。和帝刘肇也把清河王当作知己。

转眼已是太后当政的第五年，汉和帝刘肇已经15岁了。这年春季的一天，和帝和清河王刘庆在西苑游玩。刘庆忽然说："陛下，你见过豆树吗？"和帝大笑："世上哪有什么豆树？"刘庆指着那一片柳林说："瞧，那不是豆树吗！"小皇帝感到奇怪："这是柳树，怎么成了豆树？"刘庆借机说："姓刘的江山都变成姓窦的了，这柳(刘)树不也变成豆(窦)树了吗！"和帝恍然大悟。这一晚，他们二人谈了很多，谈了很久，最后决定发动一场宫廷政变。

和帝让刘庆出宫，联合千乘王刘伉和司徒丁鸿。丁鸿曾进谏太后，让和帝亲政，刘肇认为丁鸿亦是自己的亲信。同时又让心腹太监郑众往来传递消息。

当和帝等人正在秘密策划的时候，窦宪、耿秉率远征军回到京师洛阳。京师张灯结彩，宫里灯红酒绿，窦太后亲自把盏，为远征大漠、得胜回朝的将士们接风洗尘。庆功会上，窦宪喜气扬扬，小皇帝还向他祝酒呢；在一片颂扬声中，他喝得酩酊大醉。宴会过后，侍从们把大将军窦宪送回府中。窦夫人赶快令人给老爷做醒酒汤。这时，一阵紧急的敲门声，只说宫中有旨，窦宪吓得酒醒了一半，赶快接旨。而实际上是，和帝命丁鸿带领禁卫亲兵包围了窦府。窦宪措手不及，被拘捕。窦宪、窦笃、窦景、窦环皆被迫自杀；北征匈奴的功臣耿秉之子耿忠(耿秉已死)被削去封国，班固下狱折磨致死；窦氏亲戚郭举、郭璜、邓叠、邓磊皆下狱而死；太尉宋由被迫自杀。窦氏满门抄斩。

剿灭窦氏家族以后，和帝秉告了太后。窦太后知大势已去，宣布还政于和帝。汉和帝刘肇用功臣的鲜血染红了皇帝的宝座，宦官郑众等人被加官进爵，从此开了东汉宦官参政的先例。

窦太后交出国家玉玺，走下听政的宝座，不久就忧郁而死。死后，葬于汉章帝陵——敬陵。随着她的死亡，东汉帝国也走完了自己的鼎盛时代。

汉和帝刘肇皇后邓绥

邓绥(81－121)，东汉和帝刘肇的皇后。和帝驾崩后，邓皇后被尊为太后，临朝执政16年。终年41岁。

出身显赫　德冠后宫

邓绥出生于显赫家族，从小受到了良好的教育，她6岁能读史书，12岁通晓《诗经》《论语》，其家中兄弟每次读经读传，都向她请教。不仅如此，她还通情达理，相貌出众，看相的人见到邓绥为她的大福大贵之命而惊叹。因此邓绥的父母对这个不同寻常的女儿寄予了很大期望。

永元四年(92)，邓绥本当被选入宫，但因当时其父去世而予以作罢。永元七年(95)，16岁的邓绥再次被选入宫。邓绥身体修长，容貌体态异常出众，是一位绝色佳丽。和帝见了邓绥甚是喜爱，不久就册封她为贵人，住在九龙门之间的嘉德宫。由于和帝经常来这里与她欢聚，所以引起了阴后对她的嫉恨。但邓绥对阴后却一向谦卑有礼，事事小心。每当宫中有宴会时，嫔妃们都争着装饰自己，只有邓绥一人穿着素淡的衣服，身上无一饰物；她和皇后同时进见皇帝时，不敢正坐，只是站在皇后一旁，行走时则弯曲身子，以显地位低下；当回答皇帝问题时，邓绥经常退在后面，不敢先皇后回答。和帝见邓绥这样恭顺谦卑，对她更是宠爱有加，从而逐渐疏远了阴后，这更加深了阴后对邓绥的憎恨，于是阴后就命人用巫术对邓绥进行诅咒，想要害她。

永元十三年夏，和帝染病，而且很严重。阴后在私下里对亲信说如果她得志，一定把邓家的人全部铲除，以解心头之恨。邓绥被人告知此事后，如闻晴天霹雳，为了消除家族的灾祸，为了自己以后不遭受阴后的凌辱、折磨，她决定服药自尽。就在这时，一个侍女在情急之下向她谎报皇上的病已有好转，邓绥转忧为喜，放弃自杀。第二天，皇帝的病果然全好了。

永元十四年(102)夏天，阴后因巫术的事败露，被和帝废黜，不久就郁闷而亡。朝中大臣向和帝上奏重新立后之事，和帝认为只有具备了谦顺仁厚的品德，才可以承担皇后母仪天下的重任。邓绥再三推辞，陈述自己德行微薄，不足以充当皇后的人选，但最终还是在和帝的坚持下被册封为皇后。这样22岁的邓绥历经磨难，凭借自己的才貌与德行登上了皇后之位。

临朝听政　颇有建树

邓绥被册立为皇后之后，仍然像以前一样谦让有礼、宽厚仁慈。她对宫女、奴役都有悲悯为怀的宽忍之心，深得宫中上下的敬仰。

元兴元年(105)，年仅27岁的和帝病逝。在宫中生活已9年的邓绥，从阴后的事件中深知在宫中生存掌握权力的重要性。为了巩固自己的地位，于是她选择了出生仅百日的和帝之子刘隆继位，这样她被尊为皇太后，以辅助小皇帝为名开始了她临朝执政的生涯。为了增强邓家实力，她封长兄邓骘为上蔡侯车骑将军，封弟弟邓悝、邓弘、邓阊为侯，这样邓家的势力日益壮大，她的皇太后地位得以巩固。

邓绥在执政期间，接连下诏，大赦天下，颁布了一系列有利于百姓生产、生活的措施。她提倡节俭。和帝死后，她努力减少宫廷内外的用度，减少了大官、导官、尚方、内者的珍馐佳肴和难成之物的使用，规定宫内每天只能吃一肉一饭，剩下的物资用以救济穷困百姓。凡是遇到灾害之年，减少地方郡国的贡品，取缔各地方祀典的淫祀制度。这些法令颁布后，天下百姓无不拍手称快，更加爱戴这位皇太后。

尽管邓绥为国为民苦心操劳，她的临朝执政还是引起了朝中大臣的不满，司空周章多次直言弹劾，邓绥不予理睬。于是周章准备串通联络朝中大臣囚禁太后，废安帝，立刘胜。然而周章的计划还未实施，就被邓绥发觉，周章只好自杀，这场政变风波也就此平息了。

从此，邓绥更加看重权力的重要性，对权力的贪欲已使她慢慢地丧失了理智。她对劝她归政的大臣一律予以捕杀，其叔父邓康对其长期临朝执政心怀不满，劝她归政，也被她毫不留情地罢免了官职，并从属籍中取消其名。从此，再也没人敢提归政的事。

邓绥虽然独揽朝中大权，不肯归权于皇帝，但她治国理事还是非常清明的。她明察秋毫，常为弱小之人讨回公道，深得民心。吉成是和帝的侍臣，有人冤枉吉成，说吉成进行巫蛊之事。巫蛊之事在汉代是很忌讳的事情，所以吉成就被关入掖庭的监狱，并且屈打成招。然邓绥认为他是先帝的侍从，先帝对他有恩，他这样做，实在是不符合情理，于是就把这个人叫来亲自核查，结果一查，却是那些人诬蔑吉成。通过这件事，朝廷内外都对她的圣明非常佩服。

为了使政治清明，为了解地方官员的作为，邓绥还亲自到民间体察民情。一次，她来到洛阳的官署调查冤狱。有个囚犯自被拉上堂来一直不敢说话，将要被拉下去时，抬头好像有话要说的样子。邓绥察觉后，把他叫回来重新审理此案，其中果然有冤情，她当下把洛阳长官关进监狱抵罪。

邓绥善用贤能之士，而且目光远大，注重发展教育事业。她临朝当政之时，多次下诏选取举明政术、述古今、敢直言进谏的人士，并大力提拔这些人，让他们参与朝政大事。邓绥通过举荐贤能的办法，既有利于国家发展，又有利于扩大邓氏外戚的势力，巩固其统治。

永初四年(110)，邓绥创办了第一所官邸学校，主要是整理经传，教授宫人。元初六年(119)，她又创办了贵胄学校。这所学校是专门教育王公贵族子女及邓氏子孙的学校。她十分重视后代的教育问题，有时还亲自监督考试，这对当时的教育事业影响重大。

永宁二年(121)春，年仅41岁的邓绥因为国为民操劳过度，患病而亡。

魏文帝曹丕皇后甄洛

甄洛(182－221)，中山无极(今河北省定远县)人，上蔡令甄逸的幼女，懂诗文，貌艳丽，是三国时著名美女。甄洛生前只是魏文帝曹丕的妃子，死后其子明帝谥予"文昭皇后"。

甄洛生长在世宦之家，家中有3位哥哥和4位姐姐，她是排行最小的五妹，不仅美色艳人，而且博览群书、通晓经史。她读书明理，了知天下大事，更对朝政的得失、政治的明暗有自己的见识，俨然是位足不出户而知天下事的才女。

东汉末年，群雄角逐，刘汉王朝分崩离析，手握重兵的董卓纵火焚烧洛阳宫室，造成大批饥民流离失所，面对残破不堪的动荡局面，官宦大户的甄府却大发国难财，将屯积的大量粮食换取饥民的金银珠宝。这样的做法，让甄洛非常不满，年仅10岁的甄洛为父母指出："趁火打劫定会招致饥民的愤恨，日后对自家将招来不测；倘若将粮食拿出来周济亲朋好友、左邻右舍，一旦有变，将会有个照应；广济灾民，才是积德免灾之道。"短短数言，足见甄洛富有非凡的胆识和

魏文帝曹丕

眼光。后来，袁绍听说自己统治的区域有一位这样美貌贤淑的女子，于是派人为他的次子袁熙求亲，娶甄洛为儿媳妇。婚后不久，袁熙北上幽州，留甄洛在邺都（今河南省临漳县）侍奉母亲，她日夜陪伴着袁绍之妻刘夫人，送茶送饭，尽心尽力。

204年，曹操举兵攻下邺都，曹丕闻甄洛美色，率部众抵袁府，只见堂上坐着一位年纪较大的妇女，旁边有一位年轻女子惶恐地伏在妇人的膝上，看不清相貌。曹丕说明来意，说他奉曹丞相之命保护袁家妇女，大家不必惊慌，并请年轻女子抬头相见。实际上，这位年轻女子就是甄洛，年长的妇女就是袁绍的妻子刘夫人。刘夫人扶起甄洛，曹丕的双目便被吸引住了，只见她匀称的身姿，芳泽无以复加，云髻峨峨，修眉联娟，丹唇皓齿。由于看得入神，曹丕下意识地把手中宝剑一松，"当"的一声跌在地上，吓得厅上婆媳俩又紧紧抱在一起。后来，曹操知道儿子曹丕已坠入爱河，便把甄洛许给曹丕为妻，这就是"曹丕乘乱纳甄氏"的故事。曹丕不仅迷恋甄洛的美貌，更爱她的文才，每逢邀请文人墨客饮宴时，都让甄洛一同饮酒赋诗。但甄洛心里清楚，曹丕因情窦初开才会如此宠爱自己，又因曹袁两家世仇，作为再嫁女子，不应该任性妄为、恃宠而骄。所以她鼓励曹丕广纳妻妾、诞育子嗣，对后宫的宠姬们也显示出宽容大度的情怀，不仅如此，甄洛对曹丕之母卞夫人也恪尽孝道，诚意可嘉。婚后，甄洛生了儿子曹睿和女儿东乡公主，曹操和卞夫人更加喜欢甄氏了。

黄初元年(220)，33岁的曹丕称帝后，本应该册立甄洛为皇后，曹丕反而一时拿不定主意。这时能与甄洛争夺皇后之位的只有郭女王，郭女王长得也十分美丽，而且比甄洛年轻，就是没有生下儿子。于是，郭女王利用曹睿是不足月生下来的，诬称甄氏怀孕两个月后与曹丕结婚，曹睿是否为曹家骨肉，很值得怀疑。曹丕以此事询问甄氏，甄洛妒火上涌，知道此事是郭氏挑拨，便大骂曹丕连对自己的亲生骨肉也怀疑，有损曹门家风。甄洛本来就比曹丕大5岁，这时曹丕33岁，甄氏38岁，已是人老珠黄，对曹丕早已失去吸引力。此时曹丕身边已有几位美女，再加上汉献帝刘协的两个女儿。最终，比甄洛小两岁且颇有心机的郭女王，用尽心计当上了皇后。

原来，曹丕没有称帝之前，他的父亲曹操在究竟由曹丕还是他的弟弟曹植称帝的问题上也曾一度犹豫不决。论才华，曹植要高于哥哥曹丕。而论权计，曹植则不及曹丕。在这关键时刻，郭女王积极为曹丕出谋划策，"后有智数，时时有所献纳。文帝定为嗣，后有谋焉"。郭女王当上皇后，又在曹丕面前大说甄洛的不是。受人诬陷而心情郁闷的甄洛，少不了发些牢骚。为了抒发自己心中的郁闷之情，甄洛写下了一首名为《塘上行》的诗作留传于今，全诗基调非常凄楚，十分真切地反映了她入宫后由宠到衰的悲惨境遇。诗中写道：

> 蒲生我池中，绿叶何离离。岂无蒹葭艾，与君生虽离。
> 念君去我时，独愁常苦悲。想见君颜色，感结伤心脾。
> 念君常苦悲，夜夜不成寐。莫以豪贤故，弃捐素所爱。
> 莫以鱼肉贱，弃捐葱与薤。莫以麻枲贱，弃捐菅与蒯。
> 倍恩常苦枯，蹉跎常苦没。教君安息定，慎莫致仓卒。
> 与君一别离，何时复相对。出亦复苦愁，入亦复苦愁。
> 边地多悲风，树木何搜搜。从君致独乐，延年寿千秋。

谁知她的这首诗却引来了杀身之祸，曹丕听了甄洛对自己不满的牢骚话，顿时大怒，于221年赐甄洛自尽，时年40岁。甄洛死后，安葬在邺城。郭皇后怕甄洛鬼魂向阎王告状，于是下令在安葬时把甄洛的头发披在脸上，用糠塞住她的口，叫她的魂魄无法控诉冤屈。这样使这位高贵美丽的绝色佳人落得死后披发覆面、以糠塞口的悲惨命运。

226年，魏文帝曹丕死去，皇太子曹睿即位，是为魏明帝，追谥生母甄洛为"文昭皇后"，并立寝庙祭祀。

晋武帝司马炎皇后杨艳

> 杨艳(238—274)，字琼之，弘农华阴(今陕西省华阴)人，晋武帝司马炎的皇后，魏国的贵族杨文宗之女，姿容美丽，性狭隘。谥"武元"，故称"武元杨皇后"。

杨艳是曹魏时期通事郎杨文宗的女儿，由于母亲赵氏早死，父亲杨文宗另娶他人，杨艳只好寄居舅父赵俊家。她才貌俱佳，少女时有人为她看相，说她乃是"极贵"的后妃之相。后来司马昭听说杨文宗有个贤淑的女儿，于是为长子司马炎聘杨艳为正室。魏元帝咸熙二年(265)，司马炎建立晋朝，称晋武帝，册立杨艳为皇后。杨皇后为司马炎生下了3子3女：毗陵悼王司马轨、晋惠帝司马衷、秦献王司马柬、平阳公主、新丰公主、阳平公主。

在杨皇后的3个儿子里，长子司马轨早逝，次子司马衷天生弱智，三子司马柬则聪明伶俐。按理来说，司马衷既是白痴，皇位就应该传给同为嫡子的司马柬了。但是杨皇后却坚决反对，说必须立长，非要司马衷做太子不可。她自然知道白痴皇帝可能带给国家的恶果，但是作为母亲，她却觉得自己对于儿子的天生白痴负有很

晋武帝司马炎

大的责任，因此，她一定要拿最好的一切补偿给司马衷不可。再加上武帝司马炎偏偏在这方面与杨皇后颇有同感：他也是长子，却从小不得父亲司马昭的欢心，所以，他就将司马衷当作是当年的自己一样，也希望给予他补偿。于是夫妻同心，其利断金，不管群臣怎么争辩，白痴司马衷还是在9岁时坐上了太子宝座。

然而，白痴肥胖的司马衷在儿时看着可能还有几分可爱可怜，然而渐渐长成之后，却蠢得无以复加。有一次，他听说民间发生了饥荒，有不少百姓都被饿死了，居然瞪着眼睛问左右侍从："他们怎么会饿死呢？没米饭吃，可以吃肉粥嘛！"司马衷的"独到见解"令朝野一片哗然，就连他自己的老师卫瓘都不愿袒护他，当着晋武帝的面说皇帝的宝座"可惜"。司马炎也渐渐觉得自己当初的决定失误，想要改立太子。杨皇后闻讯后却勃然大怒，指责司马炎不遵"立长"的"古制"，坑害儿子。司马炎迫于后院大火，只得罢休。

如果说杨皇后立储犯了大错，在为白痴儿子选老婆的事上，她更是大错特错。晋武帝泰始八年(272)司马衷13岁，到了选太子妃的年龄，晋武帝拟立卫瓘的女儿为太子妃，然而杨皇后却坚决反对，非要立大都督贾充的女儿不可。原因是贾充的老婆郭槐送了大量金银珠宝给杨皇后以及她的亲戚侍从。司马炎虽认为贾充之女性妒、貌丑，可是却经不住杨皇后苦苦相求而最终以贾充之女贾南风为太子妃。贾南风生性嫉妒，太子宫中其他姬妾怀孕，都被剖腹杀死。晋武帝大怒，准备废去太子妃贾氏，杨皇后又代为求情，说："贾充有功晋室，贾南风年轻不懂事，虽有妒杀之罪，看在她父亲的面上，不可废掉她。"在杨皇后的庇护下，贾氏才没有被废。

在贾南风入宫的第二年八月，司马炎大规模征选美女。由于武帝广纳后宫，又在灭吴后把吴后主孙皓宫中5000名美女收进宫中，致使武帝每每流连，冷遇了杨皇后，所以杨皇后心中极为不满。有一次，武帝诏令天下送名门之女进宫以作挑选，杨皇后不想让这些美女进宫夺宠，于是只取其中皮肤白皙的，美艳绝伦的一概不选。其中有卞氏女，武帝一见倾心，可是杨皇后却令其归家。为此，武帝亲自请求杨皇后让卞氏留下，杨皇后却以卞氏女三代为魏后，如今只为妃嫔怕是委屈了她而拒绝。结果，武帝大怒，决定亲自挑选，因而纳了不少美女为妃嫔，其中有一位胡贵嫔很受武帝宠爱。

杨皇后眼见武帝多内宠，气恨交加，很快便抑郁成病倒下。这位胡贵嫔非常有意思，被司马炎选中的时候，号啕痛哭。旁人制止道："小心被皇帝听见。"她回答说："我死都不怕，还怕什么陛下！"后来她在皇帝面前也照样如此，司马炎从来都听不到她的一句好话。然而司马炎却是越骂越精神，反而对她专宠，给予她仅次于皇后的待遇。晋武帝泰始十年(274)，杨皇后病危，害怕晋武帝立胡贵嫔为皇后，便把堂妹杨芷推荐给武帝，希望在自己死后立杨芷继承后位，武帝答应了她的请求。泰始十年秋，杨皇后去世，终年37岁，被安葬在峻阳陵。

晋惠帝司马衷皇后贾南风

贾南风(256—300)，平阳襄陵(今山西襄汾)人，西晋惠帝司马衷皇后，又称惠贾皇后。其父是西晋的开国元勋贾充。贾南风其貌不扬，生性残酷，惠帝黯弱无能，贾南风大权独揽，将朝廷完全置于自己控制之下，终于引发了"八王之乱"。大一统的中国，从此陷入了300多年的分裂割据局面。

丑恶之女　　入选皇宫

晋惠帝之皇后贾南风据史书上形容，她"丑而短黑"、"短形青黑色，眉后有疵"，而且性格好妒，为人精明凶悍。但偏偏就是如此之人却名正言顺地被迎娶进皇室后宫，成为历史上唯一的一位又黑又丑的皇后。

贾南风之所以能被晋皇室选中，成为当时太子司马衷的太子妃，不是因为她的貌美贤惠，也不仅是凭借高贵的门第，更重要的是依靠其父及荀勖等人的计谋。贾南风的父亲贾充，是西晋的开国元勋。司马氏夺取曹魏朝中的实权后，贾充成为司马昭手下的心腹，是一个凶恶的打手。魏主曹髦对司马氏的篡位野心忍无可忍时，他指使部将杀了魏主，对司马氏立下大功。后来又参与定策篡位。司马氏代曹为帝，建立西晋王朝后，贾充官拜车骑将军、散骑常侍、尚书仆射，被封为鲁郡公。贾充为人谄媚邪佞，仗着当初杀过曹髦，后来又帮着司马炎做了世子，如今做了皇帝的司马炎对他的宠信，便与临淮公荀觊、侍中荀勖等人结为党羽，经常受到一些正直大臣排挤。

泰始七年(271)七月，晋武帝司马炎根据侍中任恺等人的建议，任命贾充都督秦、凉二州军事，速率大军荡平叛乱。秦、凉二州位于今甘肃、宁夏一带，贾充不愿前往，但皇命难违。正在不知所措之时，其同党、好友侍中荀勖给他出了一个主意。荀勖说，皇上正为太子司马衷选太子妃，如果设法让太子娶贾充的女儿为太子妃，便可以免除这趟苦差事。其实荀勖是害怕贾充离京，自己势小力孤，没有依靠，所以才自告奋勇愿为其说媒。这对贾充来说也是一件大好事，既可以免除出征，在朝廷中又有了靠山，因此千恩万谢拜托荀勖去活动。这一边贾充又马上指使夫人郭槐用重金买通司马炎的皇后、皇太子生母杨艳，以及皇后身边的贴身近侍，让她在宫中制造舆论，说贾充的女儿如何贤惠。郭槐还给皇后送上厚礼进行贿赂，杨皇后是个非常愚笨的人，收得彩礼，满心欢喜，又听得近侍常在旁说贾家女儿何等贤惠，便不分真假，一个劲地在武帝面前夸奖贾家女儿何等贤淑，坚决主张纳为太子妃。武帝说："朕闻贾妻生得黑短且性妒，女儿们与她相似，再说贾家没有儿子，说明人丁不够兴旺，纳贾女怕是不妥。人说卫瓘之女身长貌美，而且卫家世代忠良，子孙蕃盛。两家相比，还是纳卫女为是。"两人各持己见，互不相让。于是，杨皇后请武帝找些大臣商议一下再说，武帝只好答应。第二天，武帝设宴召一些宠臣来为太子议婚。其中荀顗、荀勖等都在座。几个人早已串通一气。荀顗向司马炎说："贾充女姿德、淑茂，可以参选。"荀勖说："充女才色绝世，若纳东宫，必能辅佐太子，有后妃之德。"几人一致认为将贾家女纳为太子妃最为合适。武帝这才订下这门婚事。就这样，贾充之女贾南风便应诏纳进皇宫，立为太子妃。

凶狠毒辣　铲除异己

贾南风虽是女流，但她善于钻营，精于权术，历史上写她"妒忌多权诈"，使得司马衷既害怕她，又受她的诱惑，喜欢她。贾南风不仅外貌丑陋，而且心灵更丑陋，她生性奇妒，而且心狠手辣。入宫为太子妃后，把太子司马衷看管得很严，其他妃嫔都不敢接近太子。东宫妃妾只要有人怀孕，一旦被贾南风发现，他便立即杀掉，而且亲自动手，毫不留情。有时甚至以戟刺怀了孕的姬妾，胎儿随即堕了下来。司马炎知道后，怒不可遏，决定把她废掉，武悼皇后杨芷（杨皇后杨艳的从妹）

劝司马炎说："贾充是国家的有功之臣，贾妃是他的亲女儿，不能因为妒忌的小过，就掩盖了他有功于国家的大德啊。"武帝身边的一些只顾自己私利的奸臣也拼命为贾南风辩解，说："太子妃年少不懂事，妒忌是女人常情，随着年龄的增长，自会改过。"武帝素以仁慈宽厚著称，于是没有再提废太子妃另立之事。

晋武帝和朝臣们对太子司马衷的才识和能力，是很了解的，但却不承认，因为一旦承认就等于承认自己在立太子的问题上实属可笑、荒唐。为了堵住大臣们的嘴，他们还专门演了一出测太子智力的把戏。贾南风怕暴露出丈夫的无能，即想出一条让外人替太子作答案的诡计，才算蒙混过关，使皇太子得以保住了太子位，并顺利取得皇位。

太熙元年(290)四月，晋武帝去世，太子司马衷即皇帝位，是为晋惠帝。晋惠帝下诏，立贾南风为皇后，立儿子司马遹为皇太子。尊杨芷为皇太后。由于晋惠帝痴呆，无法总理朝政，大权落入大臣杨骏之手。

杨骏是晋武帝的皇后杨氏之父。晋武帝自太康灭吴之后，天下无事，遂不再留心朝政，整日沉浸在酒色之中，朝中一切事务皆依赖后党杨氏。此时杨骏、杨珧、杨济位居三公，时号称"三杨"，可谓权倾一时。为此，尚书褚契、郭奕曾上书晋武帝，说："骏小器，不可以任社稷之重。"武帝不以为然。司马衷即帝位，任杨骏为太傅，做辅政大臣，凡朝中之事，杨骏均要过问。这下皇后贾南风不甘心了，当初自己情愿嫁给一个白痴，为的就是有朝一日攫取朝廷大权，参与朝政，然而她的企图屡为杨太后、杨骏抑制。一味专权的杨骏与权欲熏心的贾南风之间形成了不可调和的矛盾。经过激烈的明争暗斗，贾南风终于在永平元年(291)三月借汝南王司马亮和楚王司马玮之手，诛杀了太傅杨骏及卫将军杨珧、太子太保杨济等，"皆夷三族"。之后，贾南风又废皇太后杨芷为庶人，徙于金墉城，第二年迫害致死。这一系列的宫廷政变最终导致了八王之乱。事变后，汝南王司马亮为太宰，和太保卫瓘一起辅政。司马亮颇专权势，卫瓘当年曾经奉劝司马炎易太子，贾后早有怨恨，此二人执政，又使贾南风无法插手朝政，于是同年六月，她又以惠帝诏令为名，利用楚王玮捕杀司马亮和卫瓘。接着便翻脸无情，把责任全部推到司马玮身上，以"司马玮矫诏"，擅自杀戮大臣为罪名，仓促逮捕司马玮并斩杀了他。

贾南风擅政期间，荒淫无度，贾、郭(贾后母郭槐)两家恣意横行，贿赂之风盛行，政治昏天暗地。她暴虐无度、监杀无辜，引起长达16年之久的八王之乱，使皇族内部互相残杀，造成中国历史上少有的乱世之秋。

陷害太子　惨遭厄运

贾南风暴风雨般地连扫三重障碍，得以独揽朝权。当朝廷刚刚稳定后，贾南风又把注意力转移到太子身上。太子司马遹是宫女谢玖所生，为司马衷长子，自幼聪颖伶俐，武帝司马炎十分喜爱这个长孙。也正是因为司马遹的聪明机智，促使司马炎最终没有废除司马衷。司马炎在临死前遗诏让司马衷即位后，立司马遹为太子。惠帝即位后，尽管贾皇后百般反对，还是遵照遗命立司马遹为太子。然而司马遹长大后却很不争气，既不好学，又整天与人鬼混，不务正业，这正中贾皇后下怀。为了实现自己废太子的目的，贾后又密令太子左右侍从故意怂恿、诱导太子进一步放荡堕落，纵声酒色，为罢黜太子制造借口。皇太子在侍从左右的唆使下，更加肆无忌惮，胡作非为。司马遹曾和太监、宫女们在一起开酒肉铺子，他还有一手"绝招儿"，不管是酒是肉，他一提就知道分量多少，而且分毫不差。甚至在东宫开店经商，自为店主，让侍从前来买酒割肉，店主亲自动手卖货收钱。

贾南风自己没有儿子。元康九年(299)秋天，她把妹妹刚生下来的儿子抱来冒充自己所生，取名慰祖。接着便更加加紧了废黜太子的活动，准备立自己的养子为皇太子。299年十二月，贾皇后诈称惠帝有病，派人召太子进宫。然后派一心腹侍女陈舞迎候太子，请太子饮酒，把太子逼醉。然后把事先准备好的公文和笔纸拿出，说皇上让他抄写一份公文。太子问："是何公文？"答曰："这是别人代太子起草的祝福万岁安康的祷文，需太子亲自抄写。"太子由于大醉不辨真假，便照样摹抄下来。其抄写的内容是："陛下宜自了；不自了，吾当入了之。中宫(指贾后)又宜速自了；不自了，吾当手了之。"贾后拿到这一反书后，派人呈送惠帝。最后，在群臣的竭力劝阻下，贾皇后做主免太子为庶人，将太子幽禁于金墉城。

贾南风废太子一事，引起了朝中大臣的怀疑。不久，贾后怀孕生子一事和授意伪造反书让太子抄写一事都暴露出来，多数大臣愤愤不平，有人策划废掉贾后，让太子复位。此时，赵王司马伦在其心腹孙秀的策划下，正在实施一箭双雕之计：即先促使贾南风杀了太子，再借为太子报仇杀掉贾南风，这样自己就可以夺取大权。于是，孙秀就散布谣言，说金殿禁卫军将废皇后迎太子复位。贾南风听到风声后十分恐惧，立即派人杀了太子。司马伦乘太子被杀、人心愤恨之机，联合梁王司马肜、齐王司马遹等，经过密谋策划，发动政变，矫诏使齐王司马遹入宫"逮捕皇后"。当齐王司马冏说"有诏书要拿后"时，贾后说："只有我可以下诏书，你哪里来的诏书？"齐王司马冏也不与她争辩，命人将她绑了，押到堂上。

此时，赵王司马伦早挟惠帝在此，司马伦向惠帝历数贾后谋杀太子的罪状，逼惠帝废贾后为庶人，惠帝只好照办。随后贾家老少和贾后党羽，皆被处死。贾后被押在金墉城监禁5天后，赵王派人带着将她赐死的诏书，逼贾南风喝下了一杯金屑酒。至此，贾南风这个恶贯满盈的女人就这样结束了她的生命。

晋惠帝司马衷及前赵国主刘曜皇后羊献容

羊献容(？—322)，晋朝时泰山南城(今属山东)人，祖父羊瑾，父羊玄之。永康元年(300)，晋惠帝司马衷贾后被废，羊献容继为皇后。此后数年，西晋政局动荡，她多次被废立。永嘉五年(331)，匈奴汉国攻破洛阳。光初元年(318)，刘曜成为汉帝，封王妃羊献容为皇后。羊献容是中国历史上唯一一个做过两国皇后的女人。

五废五立　险中生存

羊献容出身在泰山南城。羊氏家族自汉代以来世世高官，羊献容的祖父羊瑾曾做过宰相，父亲羊玄之做过尚书郎。前皇后——丑陋而凶狠的女人贾南风，把持了朝政，挑起了八王之乱，最后事败被诛，皇后的位置就空出来了。因为羊献容的外祖父孙旂当时任平南将军，投靠了当时手握朝政大权的赵王司马伦。野心勃勃的司马伦急需给司马衷安排一个有利于自己的皇后，以控制后宫，于是立羊献容为皇后。但在羊献容将要入宫之际，却发生了衣服着火的不祥之兆。入宫以后，她的父亲随即"拜光禄大夫、特进、散骑常侍，更封兴晋侯"，后来"迁尚书右仆射，加侍中，进爵为公"。对她的家族来说，自然是得意了，然而对年轻的羊献容来说，这场婚姻注定是不幸的。她的丈夫就是有名的白痴皇帝司马衷，他在史书上最出名的事迹是：天下荒乱、百姓饿死之际，他竟疑惑地问："何不食肉糜？"因此，羊献容在宫中的生活可想而知。羊献容不是贾南风，贾后与那个白痴皇帝一个丑一个傻，一个狠一个呆，倒是两情相悦，而她自然跟一个傻子没什么共同语言。

永宁元年(301)，羊献容当上皇后不到一年，赵王司马伦僭位称帝，改元建始。同年，齐王司马冏为河间王部下所杀。此后，东海王与河间王、成都王长年混战。至光熙元年(306)，东海王越先后杀成都王颖、惠帝和河间王颙，奉惠帝之弟司马炽继位，是为怀帝。

这就是所谓的"八王之乱"。这场祸乱长达16年之久，不仅令晋室元气大伤，更使生灵涂炭。都城洛阳及关中是主战场，受害尤其严重。单单灭赵王伦一役，就"自兵兴六十余日，战斗死者近十万人"！由于边防废弛，诸王混战中又引胡人参战，所以杂居北方的胡人乘时而起，最终覆灭了西晋。

羊献容无可避免地卷进了这场毫无廉耻与仁慈可言的同室操戈、骨肉相残的闹剧。孙秀当政时，随着当政诸王在洛阳城里像走马灯一样地轮换，羊献容竟然先后被五废五立。

永兴元年(304)二月，成都王颖"表废皇后羊氏，幽于金墉城"。当年七月，东海王越等讨伐颖，右卫将军陈眕入洛阳，宣布大赦，复后位。八月，奉河间王颙之命，右将军、冯翊太守张方领军入洛阳，废后。十一月，张方挟制惠帝迁都长安，尚书仆射荀藩等留守洛阳，复皇后羊氏。永兴二年(305)四月，时已任京兆太守的张方，再次废后。同年，金城太守游楷之养子昌假称东海王越的命令，从金墉城迎接羊后入宫，以她的命令发兵讨张方。事起仓促，百官知道被骗后，合力诛杀了游昌。十一月，驻守洛阳的立节将军周权，诈称平西将军，立后。洛阳令何乔杀了周权，再次废后。不足两年间，羊献容如傀儡一般被几个武夫说立就立，说废就废。堂堂国母，就连一个小小的洛阳县令，也能够废掉她。晋室之礼崩乐坏，竟至于此。最惊险的是她险些被河间王颙矫诏所杀，幸亏有人求情她才免于一死。

光熙元年(306)六月，河间王颙败逃，惠帝回到洛阳，她又复位了。可是，这年十一月，惠帝被弑，怀帝继位。怀帝给了她一个"惠皇后"的尊号，让她住到弘信宫里，平平淡淡地供了起来。

异邦封后　甚得宠爱

就在晋王室自己杀得不可开交之时，与汉人杂居的匈奴、羯、鲜卑、氐、羌等民族趁势崛起。匈奴人刘渊先称大单于、汉王，更于晋永嘉三年(309)称帝。其后，他不断派兵攻晋，占领了上党、太原、河东、平阳等大郡，他的侄子始安王刘曜，随楚王刘聪攻洛阳，京师大震。

永嘉四年(310)，刘渊死，儿子刘和嗣位。不久，刘聪杀刘和而自立为帝。永嘉四年十一月，刘曜再与河内王刘粲以4万军队攻晋，汉并州刺史、汲郡公石勒领军2万会合之，围困了洛阳。各镇无人救应，晋太傅、东海王越又带走4万士兵，搞得洛阳城里"宫省无复守卫，荒馑日甚，殿内死人交横；盗贼公行，府寺营署，并掘堑自守"。在石勒大破晋军，掳杀了一大群晋王公以后，刘曜与石勒会合了汉前军大将军呼延晏27000兵马，于永嘉五年(311)五月攻破洛阳城。洛阳城破对中原晋室江山来说，是一场大浩劫，可是却使羊献容的命运出现了神奇的转机。

刘曜攻入洛阳，对貌美端庄的羊献容一见倾心，纳为妃子，对她相当宠爱，以至称帝后立她为皇后。羊献容为刘曜先后生下了三个儿子，分别是刘熙、刘袭和刘阐。刘曜因为宠爱羊献容的缘故，甚至废掉了喜爱的前妻卜氏之子刘胤，而以羊献容的长子刘熙为太子。

羊献容不但貌美而且聪慧过人。一次，刘曜问她："我比起司马家的那小子如何？"羊献容回答："这怎么能相提并论？陛下您是开国圣主，他则是个亡国暗主，他连自己跟妻儿都保护不了，贵为帝王却让妻儿在凡夫俗子手中受辱。当时臣妾真想一死了之，哪里还想得到会有今天？臣妾出身高门世家，总觉得世间男子都一个模样；但自从侍奉您以来，才知道天下真有大丈夫。"这一番话确实为羊皇后心底的肺腑之言，说得刘曜感动万分。于是刘曜更加疼爱她了。

322年，羊献容病逝，刘曜悲痛至极，专门为其修建陵墓。谥"献文皇后"，可谓极尽哀荣。

北魏文成帝拓跋濬皇后冯氏

冯氏(441－490)，长乐信都(今河北冀县)人，生于长安，北魏文成帝皇后。太安二年(456)，被拓跋濬册立为皇后。谥号"文明"。冯氏是北魏初期一系列改革的实际主持者，她主持的改革为孝文帝迁都以后的繁荣富庶打下了基础。

祸中得福　贵为皇后

冯氏的祖父是北燕国王冯跋的弟弟，后来继承了北燕国王的位置。她的父亲冯朗原来是北燕的广平公，后来投奔了北魏，被封为秦、雍二州刺史和西城郡公。她的母亲是出身于朝鲜平壤名门望族的王氏。冯氏出生的时候，"有神光之异"，按照史书的说法，预示着她以后的大富大贵，但是她却首先沦为没有父亲的孤儿。

北魏太武帝怀疑冯朗谋反，将之诛杀，冯氏就被带到了北魏当时的都城平城(今山西大同)，随着她的姑姑冯昭仪进入了北魏后宫，当时她只有5岁。冯昭仪成了侄女的老师，对她进行了耐心细致的培养，冯氏本身也聪明好学，几年之后就出落成一位仪态万方的大家闺秀。太子拓跋濬对其十分爱慕，文成帝拓跋濬13岁继位，她14岁的时候被选为贵人，18岁的时候被立为皇后。当时选皇后有一套程序，首先要从皇帝的几位夫人当中选定一位，作为皇后候选人，如果这位候选人取得了候选资格，还要参加一个非常隆重的仪式，叫作"手铸金人"。如果成功，那么她就被正式册封为皇后；如果"手铸金人"失败，那么她便被淘汰，然后要另外再选一位夫人来试，所以"不成则不得立"。结果这位冯贵人，她"手铸金人"一次成功，成为皇后。家族的仇恨并没有影响两个年轻人之间的感情，拓跋濬与冯氏如胶似漆，非常恩爱。然而也许是天妒良缘，北魏和平六年(465)，26岁的文成帝去世了，年轻的冯氏成了寡妇。按照拓跋北魏的国葬制度，国丧三天之后，要把死者生前用过的衣服器物全部烧毁，文武官员和嫔妃宫女都要大声号哭以示悼念。冯氏悲不自胜，在仪式当中，竟然扑进熊熊烈火之中，要为文成帝殉葬。众人大吃一惊，赶紧抢救，把她从烈火中抱了出来，这时，她已经昏迷不醒，过了很久才醒过来。

皇帝拓跋濬死后，12岁的太子拓跋弘即位为皇帝，这就是北魏献文帝，冯氏

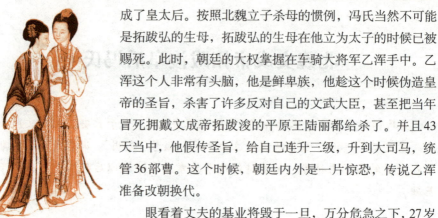

成了皇太后。按照北魏立子杀母的惯例，冯氏当然不可能是拓跋弘的生母，拓跋弘的生母在他立为太子的时候已被赐死。此时，朝廷的大权掌握在车骑大将军乙浑手中。乙浑这个人非常有头脑，他是鲜卑族，他趁这个时候伪造皇帝的圣旨，杀害了许多反对自己的文武大臣，甚至把当年冒死拥戴文成帝拓跋濬的平原王陆丽都给杀了。并且43天当中，他假传圣旨，给自己连升三级，升到大司马，统管36部曹。这个时候，朝廷内外是一片惊恐，传说乙浑准备改朝换代。

眼看着丈夫的基业将毁于一旦，万分危急之下，27岁的冯氏马上找来了心腹大臣，在后宫秘密制订了夺回权力、杀掉乙浑党羽的计划。这件事情她计划得非常周密，采取的措施非常有力，干得也非常漂亮。一夜之间，乙浑及其党羽全部被杀死，随后冯氏就宣布垂帘听政。

迫害皇帝　独揽朝政

做了皇太后的冯氏虽然大权在握，但是却独居宫中内心寂寞，所以很快就有了英俊的面首李奕。李奕是北魏的能臣，他长得非常漂亮，非常有才干，办事干脆利索。冯太后与他志趣相投，沉浸在爱情的海洋之中。于是在469年，冯氏就把政权交还给了16岁的献文帝拓跋弘，自己则退居幕后抚养太子拓跋宏。但是她没想到，过了一年，即470年，献文帝拓跋弘突然把李奕、李奕的两个哥哥以及李奕的那些在朝为官的连襟姻亲十几家的所有男人全部杀光，原因是太后内宠李奕。冯氏在经历了震惊、气愤和痛苦后，思绪集中到一点，就是要把献文帝废掉。于是，冯氏和献文帝之间出现了很大矛盾。献文帝18岁的时候，他忽然提出来说不想当皇帝了，说他笃信佛教，对尘世间的事情没有兴趣，就想一心一意地读经。群臣当然都反对，说皇上您现在才18岁，文武兼备，春秋鼎盛，哪能禅位？后来群臣发现他的态度很坚决，确实是不想当皇帝，但是谁当皇帝呢？他说他想禅位给皇叔。大臣们当然都反对，按朝规他应禅位给儿子，哪有往上禅的？他的理由是，当时太子拓跋宏才5岁，还不能够驾驭国家，因此要禅位给一位年长之君。其实，最大的原因是他受制于太后，做不了主，还不如退位。因为太后虽然还政于献文帝了，实际上还是她专政，所以献文帝想禅位给一位年长之君，给一位皇叔，由他来制约太后。太后当然明白这其中的缘由，自然不会让献文帝遂愿，最后，大臣们按照太后的意思，让献文帝禅位给了太子。其实，让献文帝退位也是太后的意思，这样，冯氏自己就可以继续掌权。

冯氏再次临朝称制，刚开始的时候，她很不喜欢刚刚5岁的孝文帝，尽管孝文帝是她亲手带大的。她跟孝文帝之间的关系很不好，原因是她觉得这个小皇帝太聪明了，怕他将来长大了会不利于冯家，所以就想废掉他，立拓跋宏的弟弟、比他稍微小一点的咸阳王拓跋禧为皇帝。结果群臣反对，冯太后未能如愿。

献文帝虽然退位了，但他却一直在为自己树立威信。延兴二年(472)，他率领军队征讨柔然，把柔然人打得抱头鼠窜。延兴五年(475)，献文帝又南下举行了大规模的阅兵仪式，暗示自己才是军队的最高统帅。更让冯氏气恼的是，献文帝居然把被冯氏罢免的官员恢复原职，一条条措施颁布下来，献文帝赢得了官员和百姓的真心拥护，大有东山再起的势头。冯氏念着母子之情隐忍了5年，最后还是派人除掉了献文帝，至于是毒杀还是行刺，从史料上已经无法确认，能够确认的是，献文帝的死与冯氏绝对脱不了关系。献文帝一死，冯氏再度临朝听政，并大杀献文帝的同党。献文帝生前的亲信准备在天宫寺的大法会上囚禁冯氏，让她归政孝文帝，结果消息泄露，举事未成，有数千人死在了冯氏的屠刀下，成为冯氏走向权力顶峰的踏脚石。

清除了献文帝的同党，冯氏又来对付孝文帝生母的家族。作为孝文帝名义上的太皇太后，她不能容忍任何势力来分享她的权力。孝文帝生母李贵人是南郡王李惠的女儿，在天安二年(467)为献文帝生下了拓跋宏。北魏为了防止外戚坐大，皇子一被立为太子，他的母亲就要被赐死，李贵人当然不能例外，只得含恨自尽。李贵人的父亲李惠和几个兄弟在朝中很有势力，李惠为官清正，举止正派，让冯氏找不到定罪的借口。冯氏聪明睿智，居然想出一个办法，那就是诬陷李惠全家准备南逃刘宋，企图叛国投敌，据此将李惠全家斩首示众。

异己大都被清除后，冯氏开始享受美好时光，英俊的面首不断涌现。先是仪表堂堂的王睿，冯氏以召他入宫算卦为名，使他落入圈套，成为自己的面首。冯氏先升他为给事中，又提拔他为吏部尚书，赐爵太厚公，允许他参议国家军政大事。更叫人瞠目结舌的是：王睿的两个女儿出嫁，冯氏竟为她们大肆操办，并亲自主婚，规格竟然比照公主、王女，如同天子的女儿出阁。因此，王睿对太后感激不尽，愿为她赴汤蹈火。冯氏的另一位情人李冲也是一位当朝重臣，冯氏曾在一个月之内就赏赐了他几千万，使得李冲变成了一位富翁。冯氏并不是个糊涂人，她知道世上没有不透风的墙，要堵住大臣们的嘴，还要广施恩惠。当时，整个朝堂唯元丕和游明根马首是瞻，冯氏对他们也是极力笼络。冯氏给面首王睿建造一座豪华府第时，也没忘了给元丕建造一座。后来，冯氏游历方山，看这里风景如画，希望百年之后下葬此处，孝文帝马上下令为太皇太后在方山建造陵墓，并在陵墓的南部建造永固石室，历时3年，陵墓落成，世称冯太后墓。

改革政治 国势强盛

　　冯氏掌权的20多年，正好北魏处于承上启下的这个过程中。正是由于冯氏指导献文帝拓跋弘和孝文帝拓跋宏，进行了大量的体制和机制方面的改革，从而使北魏的国力达到鼎盛的阶段。她施行的具体改革措施有：一是实行官员俸禄制。鲜卑人是骑马打天下的，一开始他们的官员都是没有俸禄的，他们的收入来源主要有两种：一是他们在哪儿收的赋税，自己可以留一部分，作为薪水；另外就是打仗掠夺了很多东西，然后就赏赐给有功之人。所以鲜卑人愿意打仗，因为打胜了他们就能得到很多的赏赐，尤其是当官的。但是由于没有固定的俸禄，所以官员们很容易形成对老百姓的重重剥削，而且贪贿成风，弱肉强食。484年，也就是孝文帝拓跋宏18岁那年，文明太后决定实行俸禄制。从此，北魏的官员根据各个不同的级别领取俸禄。二是均田制。即对全国的土地重新丈量，重新调查，然后根据不同的情况，进行比较合理的分配。其中一个制度对后代的影响非常大，叫"三长制"。三长制就是每5户为一邻，设一个邻长；每5邻为一里，也就是说25户设一个里长；每5里设一个党，那就是125户设一个党长；然后党长的上面就是县令。这样的话，朝廷的政令就可以通过州、郡、县，一直到达每个家庭。三长制的建立，对于中央加强对地方各级政权的管理，对于合理地承担赋税等都有很大的进步作用。唐朝实行均田制、户调制、租庸调制，就是受北魏的影响。三是实行汉化制。孝文帝是文明太后一手教育出来的，所以他有很好的汉文化根底。文明太后去世后，他迁都洛阳，颁布了很多政令。因此孝文帝成了中国历史上少数民族领袖带领本族人民融入汉族、实行民族大团结的伟大代表，表现出了统一全国的伟大胸怀。四是户调制。这项措施使得人民承担的赋税比过去更加合理，更加减轻。

　　冯氏多年来地位稳固，从她处理身边小事就能看出端倪。一次，她喝粥时发现里面有只蜻蜓，便伸手把蜻蜓挑了出来。孝文帝见此情形，打算严惩做粥的厨师，冯氏出言阻拦："这只是小事一桩，不要吓唬他们"，御厨逃过一劫，对冯氏感恩戴德。冯氏对下人的过错不仅能够予以宽恕，百姓的疾苦更是放在心上。太和十一年(487)北魏大旱，之后又发生瘟疫，冯氏忧心如焚，通知各地三长收留乞食的百姓，停造绫罗绸缎，并将府库中的物品分发给官兵百姓，包括老人、寡妇、孤儿和残疾人，君臣齐心度过了这次危机，使得孝文帝的改革也有了良好的开端。

冯氏是个高瞻远瞩的女人，她知道如何保护冯家的富贵。她在尽心抚育孝文帝的同时，也把自己的几个侄女先后送入宫中。侄女们貌美如花、善解人意，很快赢得了孝文帝的欢心，除了一个侄女生孩子难产去世之外，其他的侄女冯清、冯润先后都做了孝文帝的皇后。即使后来冯润不守妇道，与人私通，孝文帝在临终前下诏将之赐死，但还是以皇后的礼仪把冯润下葬，保全了冯家的颜面。

　　随着岁月的流逝，孝文帝拓跋宏渐渐长大，冯氏感觉自己老了，想到自己掌握大权的时间毕竟不多了，觉得还是要培养一名才华盖世、治国有方的皇帝。于是，她和拓跋宏的感情又好了起来。冯氏在教育孝文帝拓跋宏的过程当中，亲自编写教材300多章，叫《劝诫歌》，还写了《皇诰》18篇，以皇帝诏书的名义教育孝文帝施政方面的纲领。

　　孝文帝拓跋宏18岁时，正式接过太后的权力。他对太后非常孝顺和谨慎，不管大小事都请示太后，听凭太后决断。

　　太和十四年(490)，冯氏一病不起，逝世于太和殿，享年49岁。临终遗言是丧事从俭。谥号"文明太皇太后"。如她生前所愿，下葬于永固陵，位于方山。孝文帝按照礼节守孝3年，他以实际行动表达了对文明太皇太后真诚的怀念。

隋文帝杨坚皇后独孤氏

　　独孤氏(553－602)，隋文帝皇后，洛阳(今河南洛阳)人。其父独孤信，曾任北周大司马。14岁时许配杨坚为妻，581年，杨坚登基，被立为皇后。生性仁爱，为人节俭，一生精明，多干预政治，对隋后期影响很大。602年病故，享年50岁。谥号"文献"。

嫁与才郎　佐夫称帝

　　隋朝开国之君隋文帝杨坚的妻子文献皇后独孤伽罗，出身将门，父亲是鲜卑大贵族八柱国之一的独孤信。由于父亲长年征战，所以独孤伽罗受父亲影响，不喜欢做女红等家事，她喜爱读书，很有个性，深得其父亲宠爱，视为掌上明珠。独孤伽罗长到十几岁时，出落得身材颀长、面如满月、眸如点漆、神采照人。独孤信决定要为她择一佳婿。他观察满朝百官子弟，经过认真筛选，见杨坚特立卓群，相貌气度不凡，决定把他最疼爱的这位幼女嫁给杨坚。

　　杨坚，华弘农阴(今属陕西)人，其父亲是北周开国功臣杨忠，为十二大将军之

一，官至上柱国大司空，受封隋国公，是北周宇文氏政权的主要支持者。杨坚生得一表人才，且为人深沉内敛，不苟言笑，谈吐极有见识，令许多人刮目相看，都说将来必定飞黄腾达。杨坚与独孤氏真可谓郎才女貌，天生一对。

北周明帝宇文毓登基这一年，发生了一件大事，街谈巷议的都是这件事：官拜柱国大将军的杨忠，为长子杨坚聘娶独孤信的幼女独孤伽罗为妻。两家都是北周开国勋臣，数一数二的豪门大族。杨忠是汉代名相杨震的后裔，他助宇文泰起兵，屡建战功。长子杨坚年方17岁，因父亲的功勋，已被拜为骠骑大将军、开府仪同三司又进而封为大兴郡公。同他结亲的独孤信，更是权势隆盛。他也是随宇文泰起兵的大将，官拜上柱国(北周时最高官衔，共八柱国，每人统二大将军，分别统率府兵)，爵封卫国公。他的长女又是当今皇帝宇文毓的皇后。

婚事办得热闹、隆重。花烛之夜，一对新人含情脉脉，互相注视着对方。新娘正当豆蔻年华，修长的身材，雪白的肌肤，凤眼桃腮，眼波如水，似有无限柔情。独孤氏见丈夫痴痴地盯着自己看，含羞地低下了头，为自己终身有托暗暗高兴。同时她也发现，杨坚不仅生得一表人才，而且似乎很重情义。

他们婚后的生活非常美满。独孤氏虽然生于权贵之家，但谦卑自守，柔和恭孝，家教、修养都属上乘。她不仅是个漂亮的女子，而且通晓书史，对于古今兴亡大事颇有独特的见地，因此，杨坚对她深为宠爱。

有一天，杨坚下朝回家后，同夫人一起坐着说话。突然，朝中同僚赵昭求见，原来赵昭是带着皇帝的秘密使命来的。早在明帝登基之前，就有人说杨坚之相，贵不可言。这引起了明帝宇文毓的疑忌，便派善于替人看相的赵昭来，仔细察看杨坚的面相，如果真有帝王之相，就想办法除掉他。赵昭一看杨坚的相貌，不由大惊。他告诉杨坚，杨坚之相500年也难得一见，额广，中央突起，直贯入顶，相法上称为"玉柱贯顶"，此相当为天下之君。

杨坚一听，害怕极了，忙用手掩住赵昭的口，不让他说下去。杨坚生怕赵昭是奉皇命来试探自己的，忙装出一副不经意的样子，说道："我只不过是一介武夫，只愿效法父亲，为国出力，此外一无所求。"这时的赵昭，已决心投靠杨坚，谋求将来的富贵腾达，他说："我这绝非恭维之话，将军日后必为天下之君，但须经过一番大诛杀才能定天下。请务必记住我的话！"他还嘱咐杨坚，执掌朝权的大冢宰(丞相的代称)宇文护忌贤妒能，一定要韬光养晦，等待时机，切忌锋芒太露。

赵昭回到皇宫，奏报明帝说，杨坚虽然相貌奇特，但将来至多做一个柱国之类的大官，"天子之相"只是讹传而已。由此，明帝才放下心来。

再说杨坚送走赵昭，回到房里，将刚才赵昭的一番话告诉了妻子。独孤氏听后十分高兴，丈夫既有天子之相，那么自己将来就能做母仪天下的皇后。作为一个女人，还有什么比当皇后更能让她高兴的呢？凭着她对时势的估计，以及对丈夫的了解，她相信丈夫取代北周而君临天下是有可能的。但同时，出于一个女人的本能，她又担心起来：作为一国之君的皇帝，哪个不是三宫六院，佳丽成群，到那时，丈夫还会对自己一心一意吗？

独孤氏对杨坚道出了在心中蕴藏许久的话："男人都有一个毛病，一得意，就妄自尊大，能和一个有情有义的人白头偕老，实在难得。"

杨坚不解："你怎么会有这样的想法？"

独孤氏肯定地说："男人一旦得意，就视女人为玩偶。你看权势之家，宫廷之间，荒淫秽乱，有谁尊重女人？"

"难道你对我不信任吗？"

"我父亲看中的是你相貌不凡，卓识远见，说你将来一定会有所成就。不过对我来说，即使你事业再有成就，若不能尊重我，始终如一地对我，那对我而言，又有什么意义呢？我父亲有5个姬妾，争宠夺位，家庭被搅得不得安宁；几个哥哥也是如此，自寻烦恼，我见得多了。你如要那样，我可受不了，也绝不答应你那样做。"

"想不到你这样多虑，我保证不会背弃你。爱你之外，我只有更加敬重你。我向你保证，除你之外，不和第二个女人有来往，否则就遭天罚……"独孤氏连忙捂住了杨坚的嘴，脸上泛出了喜悦的笑容。

这时，执掌大权的大冢宰宇文护疑忌杨坚，多次有意杀他，但都被杨坚逃过。明帝受宇文护的挟制，一心想除掉他，不料宇文护竟先下手把明帝毒死了。继位的武帝，即宇文邕，经过11年的准备，设计杀死了宇文护，尽诛其党羽，掌握了大权。武帝亲政以后，积极整练军队，灭了强敌北齐。此时杨忠已死，杨坚袭爵为隋国公。在多次征战中，杨坚功勋显赫，加上好友郑译等人在武帝前不时吹捧，杨坚的声誉日渐上升。武帝的太子宇文赟16岁时，择杨坚的长女为太子妃，这样杨坚成了太子的丈人。

杨坚37岁时，武帝驾崩，太子宇文赟即位，史称周宣帝。当时，周宣帝21岁，性格暴躁，嗜酒如命，喜怒无常。杨坚以皇后之父被任命为大后丞。宣帝远游时，就派杨坚居守。杨坚常借机弄权，为讨好内外，对宣帝也时常规劝，要他注意政事。宣帝渐渐感到不耐烦，而对杨坚不满。而杨坚也知道皇帝对自己开始不那么信任，觉得唯有外放，离开朝廷，才比较安全。这样，由好友郑译策划，杨坚被外放任扬州总管。上任前，杨坚特别关照郑译等人，以后朝中大事，要随时通报消息。

正在杨坚准备起身去扬州之时，郑译派人通报消息说宣帝因饮酒过度，已昏迷两天，怕有变故。杨坚得知后，拿不定主意，便与独孤氏商议。独孤氏以古为鉴，审时度势，她说："这个时候，绝对不能走。机不可失，现在你装作失足扭伤，不能行走，传话出去，暂时延缓行期。其他的事，赶快找刘昉、郑译一班好友密议。"

杨坚依独孤氏的主意而行，一面佯装脚病，宣布行期延缓，一面秘密与刘昉、郑译等商议，定下策略。

宣帝暴饮昏迷了10天，郑译乘机草拟诏令，策命杨坚入朝辅政，并都督内外军事。在杨皇后的支持下，诏令在皇帝病床前宣读，当时宣帝不能言语，算是口授诏书，立刻正式宣布。就这样，杨坚轻易取得了辅政大权。他立即进居朝堂，施展权谋，以郑译、刘昉为心腹，并乘宣帝未死，假称赵王宇文招嫁女于突厥，尽召诸王入京。两天后，宣帝驾崩，7岁的太子宇文阐继位，是为静帝。杨坚身为摄政，大权独揽。

这时独孤氏早已看到，她的外孙静帝是难以维持大局的。国弱民贫，再加上主幼的北周，即将成为众人逐鹿的战场，她认为她的丈夫定会是一位出色的参与者和最后的胜利者，于是全力支持他。独孤氏派心腹对杨坚说："国家大势已经如此，你已是骑虎难下，没有退路了，望你能大胆地干一场！"杨坚在独孤氏的鼓动下，加快了篡夺政权的步伐。在杨坚篡夺北周政权的政治生涯中，独孤氏始终是一位幕后支持者。出身的环境以及阅读视野的广泛，养成了她鲜明的个性，遇事具有自己独立的见解。杨坚深沉稳重，从不轻信别人，但许多事却和独孤氏商量，显然，他对身为自己妻子的这位女性极为赞赏。

大定元年(581)二月，在刘昉、郑译等人的直接策划下，杨坚迫使静帝退位，自立为帝，改国号为隋，史称隋文帝，而辅助杨坚创业有功的独孤氏被立为皇后。

谦恭自守　痛恨纳妾

隋文帝称帝时已40岁，母仪天下的独孤皇后也已37岁，而他们的女儿早已先于她做过一朝皇后了。建立隋朝后，隋文帝认清了前朝没落的原因在于浮夸不实，卓具远见的他力图改革官仪，整顿朝纲，一心建立一个圣明的朝代。而独孤皇后也不是一个目光短浅、囿于家事的女性，在杨坚取得皇位的过程中，她就曾帮着出谋划策，极力周旋；当了皇后之后，她也决不愿闲坐下来享受荣华富贵，她早已在心中酝酿了一个严治后宫的庞大计划。

"小怜玉体横陈夜，忽报周师入晋阳。"前朝亡国的故事，独孤皇后记忆犹新。南朝的张丽华秀发轻拂，搅得陈氏王朝天翻地覆，"自古红颜多祸国"，独孤皇后为了保住杨氏基业的长治久安，首先想到的就是帮助丈夫杜绝后宫内讧。她从丈夫那里要来大权，整饬了宫内体制，废除三妃六嫔之惯例，提倡简朴，禁止宫中女子浓妆华服，并对她们的言行举止都做了严格的规定，不允许嫔妃随意亲近皇帝。整个后宫在独孤皇后的把持之下，形成一片静谧肃穆的气氛，因为独孤皇后至高的地位和强硬的手腕，后宫众嫔妃虽然心中不满，表面上也不得不从。

除管理好嫔妃外，独孤皇后还十分注意维持与文帝的感情，否则身为皇帝、坐拥江山的丈夫就有可能被其他女人所迷惑。所以，她对待文帝总是极尽的温柔与体贴，每当黎明钟鸣之际，独孤皇后就小心翼翼地侍候文帝洗漱穿戴，然后与他同坐一辇，把他一直送到朝阁。皇帝上朝，自己则在殿下静静地等候，待散朝之后，又同辇返回内宫。这样的行动，她日复一日、不厌其烦地坚持着，使文帝从不敢怠慢朝政。在内宫，她对丈夫的生活起居照顾得无微不至，皇帝每餐的食谱、每日的装束等事她都亲自过问，妥善安置，以便文帝能够毫不分心地专理朝政。每至深夜同寝的时候，她常在文帝耳旁回忆往日的情谊，细述曾经的恩爱，渴望用柔情蜜意来系住文帝的心，使他一直就这么只属于自己一个人。

好在隋文帝正致力于国家大事，根本没有多余的精力在后宫的脂粉堆中取乐，而贤慧干练的妻子所推行的种种措施，正是可与他的朝政改革密切配合，他自然是极力支持的。

一次，独孤皇后与隋文帝约定："此生永矢相爱，海枯石烂，贞情不移，誓不愿有异生之子。"想到妻子与自己患难与共数十年，总是一心一意辅助自己，惠心可嘉，文帝心中一热，当即答应了皇后誓约。但文帝毕竟是个40岁出头，精力旺盛的男人。一天，他来到后院洗衣局，几个女子正在洗衣，见皇帝驾到，都慌忙伏跪行礼。其中一个年约20岁的女子，眉清目秀，气质典雅，鹤立鸡群，文帝不由心动。

"你姓什么？来宫里多久了？"文帝故意找话问她。那女子答道："奴婢复姓尉迟，来宫里4年了。"

文帝听这女子说话，声音清脆悦耳，更是喜爱。他有心将尉迟氏带在身边，又怕独孤皇后知道了生气，可几天过去了，尉迟氏的形象总在他眼前浮现。于是，利用皇后午睡的机会，文帝命内侍引尉迟氏来见。尉迟氏略加妆饰，更显得清纯美丽。文帝急不可待，在内书房后室便和尉迟氏温存起来。文帝为美色所迷，加上尉迟氏又体贴人意，于是他们常暗中欢聚。但好景不长，很快就被独孤氏给知道了。

独孤氏气愤地对文帝说："你当初山盟海誓，现在是嫌我年老色衰，还是你做了皇帝就可以随随便便？"文帝一向敬爱独孤氏，此刻也有些心虚，他淡淡地说：

隋文帝杨坚

"我只是一时之兴，皇后何必认真。""认真"的独孤皇后毫不相让："那狐狸精是尉迟迥家的人，她如果不安好心，你岂不危险？你怎么如此糊涂？快把她撵出宫去。"文帝深知独孤皇后的脾气，没法缓和，只好忍痛割爱。

这件事给了独孤皇后很大的刺激。她知道，只要放松一次，就会有第二个、第三个类似尉迟氏的女人出现。她越想越有气，越想越不甘心，她绝对不能容忍丈夫不忠的行为，她决定以暴行断绝此类事件再发生。

次日，文帝退朝后正想着如何打发尉迟氏，只见独孤皇后命人提来一个盒子，放在内寝走廊上。文帝一看，脸色陡然大变，只见盒里装着尉迟氏的人头，气得说不出话来。

"我替你了结了她，免得你为难。"独孤皇后望着吃惊的文帝说。

文帝大怒，愤然离去。他到后院御厩，骑上枣骝马，从右侧门直出长安北门，没有目的地狂奔而去，停在一个山谷边的松林下。他心情很复杂，也想施龙威，囚禁独孤皇后，让她吃点苦头，但"皇帝偷情，皇后吃醋"，实在不好听。他只觉得自己受了莫大的委屈。

当太阳西下之时，从长安方向飞奔而来两骑。原来独孤皇后见文帝怒气冲冲地离开，自己也有些后悔，生怕文帝出什么事，特命近侍召来杨坚的两个亲密大臣高颖和杨素，告知他们事情的原委，请他们帮忙。见面后，他们力劝文帝息怒回宫。

"朕贵为天子，想怎样就怎样，皇后这样未免太过分了。"文帝气愤地说。

"皇上应以天下为重，怎么能够因为一个女子而丢开天下呢！"高颖极力劝解。

"皇后也为此深感不安，非常后悔。所以才特命臣二人出宫找寻皇上，皇上息怒，臣等护送皇上回宫。"杨素也从旁相劝。

一直等到天黑，在高颖、杨素的劝慰下，杨坚怒气才稍平，同意回宫。独孤皇后早已在宫中阁道前迎候，一见文帝，便呜咽流泪，跪在地上请罪。高颖、杨素见此情景，连忙好言规劝："皇上回来了，皇后就不要再忧伤自责了，皇上到现在还没有用晚饭呢。"

独孤皇后说："可真难为你们了。"

文帝终于开口了："你们就留下来一起用膳吧！二位在外朝政事上为朕分忧，在内朝又为朕的家事挨饿，朕要好好谢谢你们。"经过这一番波折，独孤皇后为讨杨坚欢心，刻意修饰，夫妻重温旧情，和好如初。

但是自高颖劝文帝"怎么能够因为一个女子而丢开天下呢！"的话传到独孤皇

后耳中后，独孤皇后就一直衔恨在心。当时，在废立太子的意见上，高颎与文帝有分歧，独孤皇后知道后便暗地里计划要除掉他。

在此之前，高颎夫人去世，独孤皇后对文帝说："高仆射年事已高，不幸失去夫人，陛下哪能不为他续弦！"文帝把皇后的话告诉了高颎，高颎流涕拜谢道："臣今已老，退朝之后，唯有斋居读佛经而已。虽蒙陛下哀怜，至于纳室，非臣所愿。"但不久之后，他的爱妾却生下个男孩。文帝听到这个消息非常高兴，而独孤皇后本来就不喜欢男人纳妾，高颎的爱妾在这时却生下一子，皇后就更不高兴了。因此她便在文帝面前诋毁高颎道："当初陛下要为他娶妻，他心里想着爱妾，当面欺骗陛下。如今他的诡诈已经暴露，陛下哪能再信任他！"文帝向来对独孤皇后的话颇为重视，从此开始疏远高颎。

一次议论讨伐辽东事宜，高颎坚持认为不可出兵，文帝不听劝告，任命高颎为元帅长史，随从汉王谅远征辽东。恰巧军队遇到风雨疾疫，失利而还。独孤皇后又趁机诋毁道："高颎当初不想发兵，陛下勉强派遣，妾早已知道高颎必将无功而还了。"出发前，文帝因为汉王年少，因此让高颎做了最高指挥官。高颎认为责任重大，一心为公，没有意识到自己可能遭到猜忌和谗毁。远征过程中，汉王的意见多数没被高颎采纳，对此汉王非常不满。军队回来之后，汉王对皇后哭诉道："孩儿差点就被高颎给杀了。"皇后和文帝听到后，更加愤愤不平。不久，高颎就因受人牵连，被免除职务，以齐国公返回家乡。

错立太子　后悔莫及

文帝有5个儿子，都是独孤皇后所生。文帝为此颇感自豪，他曾从容地对臣下说："前代帝王，内宠多，兄弟间互相争权夺利，废立之事由此而生。亡国之道，莫此为甚，朕别无姬妾，五子同母，可谓真兄弟也！"但是文帝哪曾想到，即使是一母所生的兄弟，也会因皇位闹出兄弟相残、父子相争的悲剧。

杨勇是文帝的长子，文帝称帝后立杨勇为太子。军政大事以及审核罪犯，文帝都让太子参与决断。有关国家大政制度，太子经常提出意见，文帝往往采纳。太子非常好学，长于词赋，性情亦宽厚和善，从无矫饰之行。

独孤皇后为太子杨勇选定了元氏之女为太子妃，按照仪制另立云氏之女为昭训。元妃生性温婉贤淑，端庄有礼，独孤皇后认为她十分适合将来母仪天下，因而对她颇为器重；而云昭训却是一个活泼乖巧的女子，相貌俏丽，楚楚动人，相比之下，独孤皇后嫌她失于轻佻，立她为昭训本有些勉强，按她的意思是让太子尽量少接近云氏。然而，太子的情感与母亲的心意却不同，他对元妃更多的是敬重，对云昭训却十分宠爱，因此，平时多半是与云氏缠绵一处。独孤皇后知道后，心中大为不悦。

这时，杨勇的弟弟晋王杨广便乘虚而入。他故意装出一副节俭仁孝、不好声色的样子，广泛结交大臣，处处讨好母后。独孤皇后见杨广努力按自己的要求行事，心中自然十分喜欢，她对隋文帝说："广儿大孝，每听到我们派遣的使节到他的守地，他必定出城恭迎；每次谈到远离朝廷、父母，他都悲泣伤感；他的新婚王妃也可怜得很，广儿忙于政务根本无暇顾及她，我派使婢前往探视，王妃萧氏常常只能和她们同寝共食，哪里像勇儿与云氏，终日设宴取乐。勇儿真是亲近了小人啊！"由于杨广的有意图谋和独孤皇后的不实评价，杨勇的太子地位变得岌岌可危。

由于太子处境困窘，心存大志的元妃为他而担心焦虑，偏偏太子没有心计，根本不把这件事放在心上，终于导致元氏抑郁成疾，抱憾离开了人世。而昭训云氏更是一个不甚操心政事的女子，她醉心于儿女之情，这种性格很讨杨勇的欢心，两人卿卿我我，形影不离。就在元妃死后不久，云昭训生下了他们爱情的结晶——小王子。本来元妃的死就让独孤皇后耿耿于怀，如今太子又违反了她所订下的规矩——"后庭有之，皆不育之，示无私宠"。因此，偏妃生子成了太子杨勇的罪孽，这使得皇后对他更加不满。

这时，正好晋王杨广从他的守地扬州入京晋见母后，心怀叵测的他在独孤皇后面前暗暗挑拨道："太子对儿存有异心，屡次派人刺杀为儿，让儿十分惊恐。"独孤皇后本是一个非常精明的人，稍微理智些就不可能相信杨广的惑言，但由于她已经对杨勇产生了很深的成见，所以不经考虑就听信了杨广的一面之词。怜爱和气愤的情绪一起涌上她的心头，于是坦白地对杨广说明了她的心意："勇儿已不成器，抛开正室，专宠云氏。有我在，他尚且敢欺负你们兄弟，倘若日后成为天子，太子竟是庶出，你们兄弟哪里还有生路啊！"

事情到了这种田地，废除太子一事已毋庸置疑。开皇二十年十月，隋文帝在独孤皇后主张下，以太子"情溺宠爱，失于至理，仁孝无闻，昵近小人"的罪名而将他废为庶人。一个月后，在独孤皇后的极力支持之下，晋王杨广被立为太子。

仁寿二年(602)八月，独孤皇后病死。直到死前，她还认为自己替杨家的基业选了一个理想的继承人。她不知道，就在她的灵柩前，杨广也扮演了两面角色：当着众人，他手扶灵柩，哀号痛哭，痛不欲生；回到家里，宴饮欢笑，如同平时一样。倒是她丈夫杨坚，在临死前终于有所悔悟，可惜后悔莫及。精明一生的独孤皇后怎么也不会想到，她苦心保荐、极力推举的爱子杨广，仅用了短短十来年的时间就断送了大隋王朝。

隋炀帝杨广皇后萧氏

萧氏(566－？)，隋炀帝杨广皇后，后梁孝文帝萧岿之女。大业元年(605)，杨广登基，封萧氏为皇后。隋朝灭亡，萧氏流落异域。贞观四年(630)被唐太宗迎回长安，颐养天年。谥号"愍"。

母仪天下　命中注定

萧氏乃后梁孝文帝萧岿的宠妃张姬所生，因为生在二月，按江南当时的习俗认为不祥，所以萧氏便被寄养在六叔萧岌家里。不久，萧岌夫妻均故去，萧氏又被贫穷的舅舅张轲收养，在民间长大，并亲身劳作。隋开皇二年(582)，文帝杨坚为14岁的晋王杨广向后梁求选晋王妃。但宫中几位公主的八字全都与杨广不合，于是萧岿便派人将萧氏从舅舅家接回来，一合八字，竟然大吉，于是选为晋王妃。

萧氏美貌有德行，很得杨坚和独孤皇后的喜爱。杨广得到如花似玉的萧氏女，千般爱怜、万般情怀，同时也抱着无穷的希望，因为替他们合婚的人袁天纲曾经私下向杨广透露说："萧女命中注定要入主中宫，母仪天下。"杨广想萧氏既然要母仪天下，那么他这个做丈夫的不就是一朝天子了吗？杨广是个野心勃勃的人，虽然他此时不是太子，但他仍然觉得希望就在前方。

但是，要想当皇上，必先当太子。因为有了萧妃这颗希望之星，杨广开始有计划地与大哥杨勇展开储位之争。杨勇是太子，却因冷落了正房而宠爱偏房，引起了正在严治后宫且大权在握的母亲——独孤皇后的不满，从而使得独孤皇后对杨勇有了不好的看法。杨广非常聪明，看出了其中的奥秘，立即乘虚而入，故意在母亲面前极力装出一副仁孝正派、言听计从的样子，还有意做出疏远萧妃不恋男女之情、专心政务的姿态。而聪明识体的萧妃也一本正经地与他配合，假戏真唱，还不时到独孤皇后那里哭哭啼啼，说杨广只顾政务冷落了自己。他们夫妻一唱一和整整演了7年的"苦情戏"，终于使得独孤皇后下决心，废除了太子杨勇，将杨广推上了太子宝座。隋开皇二十年(600)，杨广被立为太子，萧氏为太子妃。

杨广登上太子位一年后，以铁腕手段严治后宫的独孤皇后因病去世。独孤皇后是位标准的一夫一妻婚姻制度的崇尚者，她不许自己的丈夫纳妾。但她死后，没有了约束的隋文帝开始沉溺于酒色，无心管理朝政，把朝政大权托付给了太子杨广。事实上，从仁寿二年(602)以后，太子杨广就开始掌有皇帝之权，行使皇上的权力

中国后妃传

了。仁寿四年(604)七月，杨坚一病不起，杨广趁机调戏父亲的宠妃——风华绝代的宣华夫人，杨坚知道后哀叹道："畜生何足托大事，独孤误我！"隋文帝要废杨广，结果被杨广用毒药害死。不久，杨广即位，即历史上最荒淫无道的隋炀帝，册封萧氏为皇后。短短十几年间，杨广便将其父杨坚苦心经营数十年的大隋帝国折腾得摇摇欲坠。

颠沛流离　漂泊异域

隋炀帝杨广

隋炀帝杨广觊觎已久的皇位终于到手，从此他至高无上，再也没有谁能约束，因此就彻底露出他贪欢好色的面目来。为了饱览江南秀色，隋炀帝下令凿通了连及苏杭的大运河，然后带领萧皇后及众多佳丽浩浩荡荡地游巡江都。隋炀帝下江南时，运河中舳舻相接绵延200余里；骑兵沿岸护卫，旌旗蔽野；龙船摇橹拉纤的都是年轻的宫女，柳腰款摆，姿态曼妙，让隋炀帝大饱眼福，谓之"秀色可餐"；而宫女们梳妆洗下的脂粉流满了运河，香气数月都没散尽。

然而，这种艳丽奢侈的享受，不知耗费了多少民脂民膏，引得民愤四起。大业十二年(616)秋天，隋炀帝准备偕萧皇后第三次游江都时，众大臣苦苦劝谏："若再纵情游乐，天下恐生变故！"隋炀帝不以为然地说："人生自古谁无死，年过半百不为天。"他觉得只需自己享尽了繁华，即使国破人亡也不足惜。隋炀帝还下诏广征天下美女，更选3000童贞女子轮番入阁值夜，隋炀帝任意寝宿，真可谓是日日做新郎、夜夜入洞房，把军国大事忘得一干二净。

萧皇后对此实在是看不过去，就作了一篇《述志赋》，婉转地规劝皇夫有所节制，注意身体，用心国政，然而一点效果也没有。后来萧皇后也明智了，顺着他，因为位极至尊的皇帝反正自己也管不了，不去惹他反而保全了自己。正因为萧皇后的忍让，所以隋炀帝对她一直还十分礼敬，自己享乐也不忘了萧皇后。隋炀帝杨广游江都时，有宫人告诉萧皇后说，外面大家都要谋反，萧皇后却无动于衷，只是说："你自己去报告皇上吧。"杨广听了宫人的报告却大怒而斩之。后来，又有人告诉萧皇后说，宫廷的禁卫们也要造反。萧皇后却说："事已至此，无可救药。不用报告了，否则也只不过让皇上更烦恼而已。"

大业十四年(618)，太原留守李渊举兵攻下长安，宇文化及与其兄长宇文智及在扬州起兵造反，率兵进入行宫，隋炀帝在寝殿被缢杀。萧皇后责备宇文化及恩将仇报，愤怒地要求他为隋炀帝按天子之制举行葬礼。宇文化及满足了她的要求，在一切妥当之后，萧皇后无可奈何地成了宇文化及的偏房。宇文化及得到了萧皇后，竟然忘了政治扩张。这时，在中原一带起兵的窦建德，势力快速增长，其兵马长驱直入，节节胜利，直逼江都。宇文化及抵挡不住，连连败退，最后带着萧皇后退守魏县，急忙自立为许帝，萧皇后被封为淑妃。但很快，魏县又被攻破，他们仓皇退往聊城，窦建德率军紧追，最后攻下聊城，杀死了宇文化及，俘获了萧皇后。萧皇后的美艳姿容和高贵气质立即把取得暂时胜利的窦建德迷住了，窦建德立即收她为妾，纵情于声色之娱，把自己逐鹿中原的初衷几乎抛到了九霄云外。

这时北方突厥人的势力迅猛地发展起来，大有直取中原的势头。原来远嫁给突厥可汗和亲的隋炀帝的妹妹，即萧皇后的小姑义成公主，听到李渊已在长安称帝，又打听到萧皇后的下落，就派使者来迎接萧皇后。窦建德不敢与突厥人正面对抗，只好乖乖地把萧皇后及皇族的人交给来使。萧皇后携孙杨政道、侄孙萧嗣业共赴大漠，寄居突厥长达10年。

627年，玄武门之变后，李世民登基，萧瑀任左仆射，后迁晋州都督、太常卿，长子萧锐尚李世民长女襄城公主。贞观三年(629)，李靖破突厥，迎萧皇后、杨政道回唐，这时萧皇后已64岁。李世民对这位表婶颇多礼遇，赐良宅，留居京城。

贞观二十二年(648)，萧皇后以82岁高龄病逝于长安。李世民下诏恢复她皇后封号，以皇后礼仪出殡，送到江都与杨广合葬。

唐太宗李世民皇后长孙氏

长孙氏(600－636)，唐太宗皇后，洛阳人。其父长孙晟曾任隋朝左骁卫将军。她自幼酷爱读书，博闻强志。长大后嫁李世民。626年，李世民登基，封长孙氏为皇后。唐太宗李世民治理国家期间之所以出现"贞观之治"的繁盛景象，与长孙氏的劝诫密不可分。

母仪天下　规谏君王

长孙皇后是北魏拓拔氏的后裔。拓拔氏属鲜卑族，经历了南北朝时代的民族大融合，已经汉化。长孙皇后的祖上为魏室高官，居宗室之长，故称长孙氏。据史书记载，她自幼好学，很懂礼貌。由于父亲早亡，她与胞兄长孙无忌便由才识高深的舅父悉心教养。601年，年仅13岁的长孙氏便"嫁于太宗"，因她识大体，顾大局，有卓见，便为当时还是秦王的李世民所宠幸，武德元年(618)册封为秦王妃。武德九年(626)，李世民被册封为皇太子，她被册封为太子妃。

李世民原是唐高祖李渊的次子，其智勇双全，为帮助父亲建立唐朝而拼杀疆场，立下了汗马功劳，因而被封为秦王。太子李建成嫉妒他威名日盛，担心有朝一日会取而代之成为太子，于是便与其四弟李元吉结盟，企图设谋陷害李世民。李世民获知后，便与王妃长孙氏商讨对策。长孙氏一面尽心地侍奉公公李渊，调和家庭关系，稳定王室内部；一面密谋请其兄长孙无忌以及尉迟敬德等鼎力协助李世民。武德九年(626)李世民先发制人，率部下长孙无忌、尉迟敬德等于六月四日埋伏于玄武门，发动宫廷政变。李世民亲手杀死了太子李建成，迫使唐高祖李渊改立自己为皇太子，册封长孙氏为皇太子妃。在政变中，长孙氏以秦王妃身份亲临现场助阵，慰勉将士。2个月后，李渊传位给李世民，史称太宗皇帝。唐太宗继位后，即立长孙氏为皇后，改年号为"贞观"。于是，唐代历史上著名的"贞观之治"便由此开始。

在玄武门之变的前前后后，李世民真切地感受到了长孙氏是一位有政治头脑，有远见卓识，有才学能力的贤德女性，是自己的"内良佐"。从此以后，他便很注意尊重和听取长孙皇后的意见。长孙皇后自幼循规蹈距，以古代善恶自鉴，严格按照礼教行事，所以她常说："妾以妇人，岂敢豫闻政事？"所以，她决不干预朝政，"造次必行礼则"，时时事事都很注意礼节地对唐太宗进行规劝谏言，以此来全力辅佐太宗。

据史书记载：贞观六年(632)，长乐公主将要出嫁，唐太宗因她是长孙皇后的亲生女儿，特地下令以姐姐永嘉长公主陪嫁两倍的嫁妆送给长乐公主。因此，大臣魏徵在一次上朝时，当着文武百官，用汉明帝封皇子的历史故事讽谏太宗说："过去，汉明帝想要加封自己的儿子，便对臣下们说：'我的儿子怎么能和先帝的儿子相比呢？我封给他的封地和俸禄户数只有先帝儿子的一半。'现在陛下资送长乐公主的嫁妆却是先帝资送永嘉长公主嫁妆的两倍，这不是与汉明帝的想法相差太远了吗？"太宗听了，心里十分不痛快。然而，魏徵是谏议大夫，唐太宗应允过他可以"犯颜直谏"的。况且，为了表明自己的大度和圣明，还是按魏徵说的办，下令资送公主的嫁妆按永嘉长公主的一半陪送。回到后宫，太宗把这件不愉快的事告诉了长孙皇后。长孙皇后不仅不为自己的亲生女儿争嫁妆，反而赞叹说："我听说陛下十分器重魏徵，却不知是什么缘故。今天听陛下说了他对长乐公主陪嫁的谏言，这样的臣子，真正是社稷之臣啊！他是在以礼义引导陛下抑制自己的感情而依法行事。这才是真正的社稷之臣啊！"又说："我与陛下是结发夫妻，能够得到陛下的珍爱和宠幸，可说是情深义重。而我平日对陛下讲话，尚且要察言观色，深怕冒犯了陛下的威严，而魏徵只是陛下朝廷里的一名臣下，他与陛下无论在情感还是礼义方面，都远不及我与陛下亲近，而他却能如此直言谏议，不计个人得失，能够这样做的，连先贤韩非子都说很难，东方朔也说这很不容易，现在魏徵却做到了。这样的贤臣，实在是太难得了！"长孙皇后还借这件事进一步对太宗说："古人云：忠言逆耳利于行。对于治理一个国家的皇帝来说，能采纳正确的意见，则国家社稷安宁；如果总是拒绝正确意见，那么这个国家的政治必定会崩乱。我真心诚意地希望陛下仔细考虑古人说的这个道理，使大唐的社稷得到福祉。"

魏 徵

听完长孙皇后的这番话，太宗如释重负，心中豁然开朗。长孙皇后还派人给魏徵送去赏钱400缗，绢400匹，以表彰他犯颜直谏。同时，长孙皇后还传话给魏徵说："过去只是听说你常能犯颜直谏，这次你进谏皇上资送长乐公主一事，我才真正看到。长乐公主虽是我的亲生女儿，但我以为你讲的有理，皇上已改正了，所以应该赏赐你。希望你一如既往，不改正直。"魏徵十分感动，不但对太宗，对长孙皇后也十分敬佩，并立即回书皇后，表示一定"为大唐江山，不惜尽绵薄之力"。从此，长孙皇后也更明白，魏徵这样敢犯颜直谏的贤臣，是唐太宗不可缺少的臂膊。多有这样的臣子，是唐太宗，也是大唐社稷值得庆贺的一件大事，所以她也十分注意保护这样的大臣。

有一次，太宗罢朝归来，满脸悻悻然，口中连声愤愤道："迟早非杀掉这个乡巴佬不可！"长孙皇后忙问他因什么事，要杀谁。太宗说："就是魏徵这个老东西。他总是在朝廷上当众忤逆，给我难堪，弄得我下不了台。"太宗骂魏徵是乡巴佬，是因为魏徵出身于巨鹿下曲阳（今河北晋西县）一个地方官吏家庭，由于父亲较早去世，魏徵从小生活孤贫，还曾一度做过道士。隋末农民起义爆发，他才参加了李密领导的瓦岗军。长孙皇后见太宗越说越气，便不发一言，只悄悄地退入内室。她谙悉太宗的行事，知道此刻不能出言，生恐太宗因一时暴怒杀了魏徵。

长孙皇后退入内室，换上朝服，再来见太宗。太宗一见皇后这身打扮，十分惊愕。因为在唐代按规定，皇后穿上朝服是参加受册、助祭或朝会等大事的隆重礼仪。只见长孙皇后向太宗表示祝贺。太宗问："贺从何来？"皇后说："我读古书，上面写道：君明臣直。只有皇帝贤明，才能有直言进谏的贤臣。刚才听你说的，魏徵敢直言顶撞你，是因为你贤明。我哪能不祝贺呢？"太宗听了，恍然大悟，立刻转怒为喜。长孙皇后又说："我还听古人说：'夫以铜为镜，可以正衣冠；以古为镜，可以知兴替；以人为镜，可以明得失。'希望陛下掌握这三镜，以防止自己出现过错。"太宗听了，十分钦佩，拉着长孙皇后的手，十分亲昵。长孙皇后接着说

中国后妃传

道："古人还说：'人欲自照，必须明镜；主欲自照，必借忠臣。'魏徵乃忠臣，望陛下爱惜他。"太宗点头称是，并说："朕定将魏徵的奏章放在案头，贴在屏风上，以便出入观看。"乘太宗高兴，长孙皇后又建议，对犯颜直谏的，除赏钱赏绢之外，还应该提高谏议官的地位，最好规定宰相内议国事，必须有谏议官随入，豫闻国事。这个意见太宗接受了，并且后来还作为一条规定，谕示朝廷。于是，在太宗朝"纳谏之风大兴"。

深明大义　　勤政爱民

　　长孙皇后为了辅佐太宗，为了唐王朝的国家社稷，机智地救了魏徵，弥补了太宗的阙失。

　　由于长孙皇后自幼随舅父熟读古史，所以深谙中国古代自汉魏以来，因外戚专权扰乱国家社稷，以致天下不得太平的事常有发生。唐太宗继位后，时时不忘"以隋为戒"，长孙皇后自然高兴，但她常常提醒太宗，对外戚专权也不可掉以轻心。她曾著书立说，力陈外戚专权的危险。在著论汉明德马皇后时，批评马皇后在抑止外戚专权上是舍本逐末：不是抑退外戚，而只是批评拥有重权的外戚，在生活上腐败奢糜。她以古为镜，严格自律，绝"不愿兄弟子侄布列朝廷"。

　　一次，唐太宗要封长孙皇后的兄长长孙无忌为左武侯大将军、吏部尚书、右仆射（宰相）。长孙皇后马上上书太宗说："妾位居三宫之首，家已贵宠之极，实不愿父兄子侄再到朝中位居显要。汉代就是因为皇后嫔妃的亲戚都到朝廷当官，结果外戚专权，天下大乱，汉王朝也就此灭亡。这应该是刻骨铭心的教训，希望陛下引以为戒！"其实，长孙无忌与唐太宗本是布衣之交，玄武门之变，长孙无忌功不可没，可谓唐太宗开国的元勋功臣，即使没有长孙皇后这层关系，唐太宗封他高官厚禄，

他也是当之无愧的。所以，这一次太宗不打算接受长孙皇后的建议。长孙皇后见太宗执意要加封自己的兄长，便又劝太宗说："因为我是皇后，我的亲戚就得到高官厚禄，这不是一种好的举措，它容易导致危险。为了使他们和他们的子孙得以永久的保全，所以就得慎重，不要授予他们很大的权力，不要让他们处在非常显要的位置上。如果皇上定要加封，就请封他们到京都之外的地方做一些闲差吧！"一面还暗中密命长孙无忌经常向唐太宗"苦求逊职"。因为长孙皇后反对，长孙无忌多次跑来请求辞职，终于在628年，太宗同意长孙无忌的请求，只好封长孙无忌为"开府仪同三司，后意乃怿"，长孙皇后这才同意。因为"开府仪同三司"

唐太宗李世民

只是一品散文官，荣誉虽高而无实权。

在后宫，长孙皇后是一宫之主，她既能依法而治，又能"下怀其仁"，最大限度地发挥了贤内助的作用，尽量不让后宫事务影响到为国事操劳的太宗。有一次，后宫中有一宫女不慎忤犯了太宗，太宗大怒，要将她逐出后宫。宫女面露委屈却不敢辩解。长孙皇后见此情景，忙一面顺从太宗的意思，命人将这个宫女捆了起来；一面等待太宗息怒，再慢慢替这个宫女求情。太宗平息下来后，也觉得为一点小事便将宫女逐出宫外，惩罚也嫌过重，便收回成命，宫女的委屈也消解了。就这样，长孙皇后在太宗暴怒时，总能委婉地去排解纠纷，不让太宗在盛怒之下把事情弄糟，既按法处置，又不令宫女们含冤受屈。因而，整个后宫处于一片祥和而宽松的气氛之中，长孙皇后本人亦因为她的宽容大度备受后宫上下的爱戴与尊重。

久病缠身　临终叮咛

唐太宗贞观十年的夏天，是一个闷热的天气。　立政殿里，笼罩着静穆而又沉重的气氛，人人都在为长孙皇后的病情日益严重而担心。长孙皇后静卧在纱罗帐内，头上放着一条冰带，宫女们在帐前侍立着。太子承乾日夜守候在床前。

长孙皇后早年就患有咳喘病，贞观八年(634)旧病复发，而且十分严重，不管御医怎样多方调治，病情也不见稍减，且日重一日。太子承乾见母后的病日渐危重，便说："母后，这些天来，该请的医生都请了，该吃的药也都吃了，可病情仍不见好转，我去奏请父皇，请他下诏大赦天下，度人入道，说不定此举会得福免祸，母后的病就会好起来！"

长孙皇后睁开眼睛，喘了几口气，憔悴的面庞现出严肃的表情，她对太子说："不可。生死乃命中早已注定，不可强力而为。如果说为善可以得福，我这一辈子并没有做坏事；如其不然，事到如今，我还求大赦，做这件事又有什么用呢？况且大赦者，乃国家之大事，不到关键时刻不能随便用，不可为我个人去破坏规定；至于劝人入道，保留它们只是表示我们宽宏大量，照顾一部分人的信仰而已。你父皇从来不求助于这些东西，怎能因为我让他去干他所不愿意干的事呢？你如果执意要去奏请，我还不如速死呢！"

太子不愿违背母后的意愿，只是把这件事对房玄龄说了。房玄龄把此事告诉了唐太宗，唐太宗决定下诏大赦天下，长孙皇后知道以后，极力劝阻唐太宗，诏书才没有颁发。然而长孙皇后的病越来越重了。

此时，房玄龄偶然出现小的纰漏，被唐太宗遣归家门。时正逢唐太宗来立政殿，长孙皇后喘着气与唐太宗诀别，她有气无力地说："玄龄久事陛下，小心慎密，不愧良臣，若非大故，不可轻易将其遣归。我家因是皇亲国戚，因而得到显要地位，无功受禄，最易取祸，千万不要再委之以大权。我快不行了，皇上不必过于悲伤，我死后不要为我的葬礼花太多的钱，干脆依山而葬，不用修陵墓。棺椁也要用最简单的，陪葬物品只用木器、陶器足矣。皇上若真能照我说的办，那就是对我最好的纪念！"说到此处，便咳嗽起来，喘了好一会儿，才算止住了咳嗽，长孙皇后紧紧握住太宗的手说道："愿陛下以后为政，能亲君子，远小人，纳忠谏，屏谗慝，省劳役，止游畋，我虽死亦瞑目了。"唐太宗听到此处，不禁心情激动，品味长孙皇后弥留前感人肺腑之言，不禁悲从中来。没过几天，唐太宗按长孙皇后的嘱咐，把房玄龄召了回来，恢复了官职。

贞观十年，长孙皇后病逝，唐太宗悲恸欲绝。他对近臣们说：皇后常能规劝我，弥补了我的不少阙失。如今再也听不到她的谏言了，我的内廷失去了一位贤良的辅佐，这是我最感哀痛的啊！

长孙皇后死时仅36岁，但她的贤德受到了后世的称赞，被誉为母仪天下的一代贤后。

唐高宗李治皇后武则天

武则天(624－705)，唐高宗李治皇后，并州文水(山西文水东)人。14岁被召入宫为才人。永徽六年(655)，高宗废王皇后，立武则天为皇后。690年后，亲登帝位，自称圣神皇帝，改国号为周，成为中国历史上空前绝后的唯一女皇帝。

聪慧貌美　入庵为尼

武则天，初唐并州文水(今山西文水县)人，生于唐高祖武德七年(624)正月。她的父亲靠做木材生意发家，李渊起兵时，以军需官身份效劳，成为唐朝新权贵。生母是隋朝宰相、遂宁公杨达之女。武则天出生在这样一个新贵显宦之家，显赫的权势，豪奢的生活，滋生了她无限的权力欲。然而，初唐士族的门阀之风盛行，武氏庶族的门第，低微的出身，又使她饱受流俗的轻视。这一特殊的境遇与遭际，强烈地刺激着青年时代的武则天，促使她极力去追逐和攫取最高权力。

武则天自幼聪慧敏俐，极善表达，而且胆识超人。父亲深感她是可造之才，遂教她读书识字，使她通晓世理。武则天十三四岁时，已是博览群书，对于诗词歌赋也有一定基础，而且长于书法，字态卓尔不群。

武则天

贞观十一年(637)，14岁的武则天因长相貌美，入选宫中，受封"才人"。进宫之后，唐太宗赐给她"武媚"的称号。当时太宗的御厩里，有匹名马叫"狮子骢"，长得肥壮可爱，但是性格暴躁，不好驾驭。有一次，唐太宗带着宫妃们去看那匹马，跟大家开玩笑说："你们当中有谁能制服它？"妃子们都不敢接嘴，14岁的武则天勇敢地站了出来，说："陛下，我能！"太宗惊奇地看着她，问她有什么办法。武则天说："只要给我三件东西：第一件是铁鞭，第二件是铁锤，第三件是匕首。它要是调皮，就用鞭子抽它；还不服，用铁锤敲它的头；如果再捣蛋，就用匕首割断它的脖子。"唐太宗听了哈哈大笑。他虽然觉得武则天说得有点孩子气，但是也很赞赏她的泼辣性格。

时日既久，太宗发现她学识尚好，便把她调入御书房侍候文墨。武则天便开始接触皇家公文，了解了一些宫廷大事，并能读到许多不易得见的书籍典章，眼界顿开，日渐通晓官场政治和权术。当时，由于她性格倔强，不善于施展女人的温柔手段，所以不受太宗的宠爱。这使得武则天进宫12年，才人的称号一直没有改变，地位也没有提升。这是一段非常漫长的日子，而这期间，她与太子李治志趣相投，关系逐渐密切，并产生了美好的感情。

贞观二十三年(649)，唐太宗去世，按照唐朝的惯例，没有生育过的嫔妃要出家做尼姑，生育过的则要打入冷宫，为死去的皇帝守寡。武则天因此出家做了尼姑。这是不得已的事。两年的尼姑生活使她全面地回顾了宫廷生活的富贵与艰险，这使她在政治上日趋成熟。唐高宗李治即位后，因早先与武则天暗通款曲，对她极有兴趣，遂经常往来于感业寺。时值王皇后正与萧淑妃争宠，王皇后决计利用武媚的美貌，转移高宗对萧氏的厚宠，遂令武氏暗中蓄发，等待入宫之日。

二次入宫　谋得后位

永徽二年(651)，28岁的武则天再次入宫，唐高宗李治册封她为昭仪。这次入宫得力于王皇后，她开始对王皇后卑躬屈节，极力奉承。她知道王皇后与萧淑妃有矛盾，便联合王皇后，夺去高宗对萧氏的宠爱。当萧氏失宠后，她认为自己要当六宫之主，必须把王皇后打下去。为了争得后宫的霸主地位，彻底打倒王皇后，武则天使出一记"狠招"。654年，武昭仪产下一女儿，深得高宗喜爱。有一天，王皇后闲得无聊，到昭仪宫中逗小公主玩了一会儿，然后离去。武氏在王皇后来时，她故意避开，至王皇后离去后，便将小公主弄死，以此嫁祸于王皇后。唐高宗相信了她的话，王皇后的地位动摇；接着她又用栽赃的办法，指责王皇后与萧淑妃勾结使用巫法诅咒他人，唐高宗终于要废掉王皇后。

在封建社会中，皇后的废立乃国之大事，当时的重臣国舅长孙无忌、宰相褚遂良等大臣极力反对废王皇后；而武则天私下拉拢一批大臣，在高宗面前支持武则天当皇后。有人对高宗说："这是陛下的家事，别人管不着。"唐高宗这才下了决心，终于在永徽六年(655)的十月断然颁诏，废皇后王氏，正式册立武则天为皇后。武则天在进宫不到一年就攫取到皇后宝座，确实是速战速决。自此，皇家内宫大权，落入武氏之手。

武则天登上皇后宝座后，她机智精明、"通文史、多权谋"的长处得到了长足的发挥，这使高宗对她宠爱有加，另眼相看。她亦利用皇后的身份、皇上的宠爱，积极参与朝政，"百司奏事，时时令后决之"。从永徽六年(655)到显庆四年(659)的5年时间里，她设法清除政敌，贬尚书右仆射褚遂良，使其郁闷而死，逼长孙无忌自缢；罢免朝中褚遂良、长孙无忌的支持者，巩固和扩大了自己的影响和权力，竭力扫除她参政道路上的一切障碍。

显庆五年(660)，本来就已经十分无能的高宗害了一场病，成天头昏眼花，有时候连眼睛都睁不开。唐高宗看武则天能干，又懂得文墨，索性把朝政大事全交给她管了。武则天掌了权，渐渐不把高宗放在眼里。高宗想干什么，没有经过武则天同意，就干不了。唐高宗心里气恼，有一次，他就此事跟宰相上官仪商量，上官仪是反对武则天掌权的，就说："陛下既然嫌皇后太专断，不如把她废了。"高宗是个没主意的人，听了上官仪的话就说："好，那就请你去给我起草一道诏书吧。"两个人的说话，被旁边的太监听见了，那些太监都是武则天的心腹，连忙把这件事报告武则天。等上官仪把起草好的诏书送给高宗，武则天已经赶到了。她厉声问高宗："这是怎么回事？"唐高宗见了武则天，吓得好像矮了半截。他把上官仪起草的诏书藏在袖子里，结结巴巴地说："我本来没这个意思，都是上官仪教我干的。"武则天立刻下令把上官仪杀了。打那以后，唐高宗上朝，都由武则天在旁边监视，大小政事，都得由皇后点了头才算数。自此，武则天从参政步入执政，"黜陟生杀，决于其口，天子拱手而已"，人虽在幕后，却遥控了朝廷实权。

由于武则天处理政务有章有法，不似高宗久诿不决，甚为群臣敬服。高宗虽厌其独行独断，但许多国家大事又不能不倚重她。这样，就使武后逐渐从幕后走向前台，竟与高宗同坐朝堂，一起接受群臣朝拜。上元元年(674)，高宗号天皇，皇后号天后，天下人谓之"二圣"。自此，高宗皇位形同虚设，唐朝权柄尽在武则天掌握之中。

从上元元年(674)，武则天以"天后"之尊开始执政，至天授元年(690)正式称帝的16年中，武氏为当皇帝做了大量的准备，采取了多种有力有效的措施。首先，在王位的继承上，高宗想禅位于长子李弘，武则天不念母子之情，将李弘毒死，立次子李贤为太子。李贤被高宗委以临国之任，处理政务颇为精干，武后则废李贤为庶人，立三子李显为太子。弘道元年(683)，高宗卒，中宗李显刚刚继位，武后则以皇太后名义临朝称制。一年后便废掉中宗，改封为庐陵王，立四子李旦为帝，即为睿宗。李显、李旦都是昏庸无能之辈，在帝位上也是傀儡，处处受制于武后。

其次，武则天修改《氏族志》为《姓氏录》，从传统上和舆论上打击和削弱一贯反对自己的士族官僚集团，扶植和依靠新兴的庶族地主阶级。这样使士族官僚不再有入仕做官的优越条件，也不能因出身豪贵而为所欲为；而对庶族出身的官员，也不再因门第贫贱而受耻受辱于人。修成的《姓氏录》再也看不到士族贵族的特权，原来连《氏族志》都不能列入的武氏，在《姓氏录》中，却定为姓氏的第一等。

再次，是变更官名，改东都洛阳为神都，为自己登位称帝，建立新秩序，迈出了重要的一步，向举国表示自己大位一统、至高无上的权力。

武后的这些新政措施，很快遭到李氏皇族和许多士族官僚的反对。有个官员徐敬业被武则天降职，借这个由头，在扬州起兵反对武则天。武则天找宰相裴炎商量，裴炎说："现在皇上年纪大了，还不让他执政，人家就有了借口，只要太后把政权还给皇帝，徐敬业的叛乱自然会平息。"武则天认为裴炎跟徐敬业一样，都想逼她下台，一气之下，就把裴炎打进监牢，紧接着又派出大将带领30万大军讨伐徐敬业。徐敬业兵少势孤，抵抗了一阵，就失败了。接着，又有两个唐朝宗室——越王李贞和琅琊王李冲起兵反对武则天，也被武则天派兵镇压了。

经过这两场小小的兵变，全国恢复了安宁，再也没有人敢反对武则天了。武则天巩固了她的统治，就不仅仅满足于太后执政的地位了。

巾帼英雄　建周称帝

690年，武则天认为亲临帝位的条件成熟，就借佛僧法明之口，广造舆论，说武则天本来是弥勒佛投胎到人世来的，佛祖派她下凡，就是要让她代替唐朝皇帝统治天下。　又过了几个月，有个官员名叫傅游艺，联络了关中地区900多人联名上书，请求太后即位称帝。武则天一面推辞，一面提升了傅游艺的官职。结果，劝她做皇帝的人越来越多。据说当时文武官员、王公贵族、远近百姓、各族首领、和尚道士，上劝进表的有6万多人。至此，水到渠成，武后在"上尊天示"、"顺从众议"。

如果说，武则天在称帝前30余年参政执政的政治生涯中，已显示出惊人的政治谋略和手段的话，那么，在称帝之后的10余年中，则更充分地显示了她在用人、处事、治国等各个方面杰出的政治才能和一个政治家应有的气魄。

武则天称帝后，非常重视人才的选拔和使用。她认为"九域之广，岂一人之强化，必伫才能，共成羽翼"。凡能"安邦国"、"定边疆"的人才，她不计门第，不拘资格，一律量才使用。为了广揽人才，她发展和完善了隋以来的科举制度，放手招贤，允许自举为官、试官，并设立员外官。此外，她还首创了殿试和武举制度，为更多更广地发现人才、搜罗人才创造了有利的条件。比如，中唐名将郭子仪，就是"自武举异等出"。这样，在她施政的年代里，始终有一批"文似仁杰"、"武类休武"的能臣干将为其效命，有力地维护着武周的政权。武则天还非常重视著述，召学士先后撰成《玄览》、《古今内范》、《青宫纪要》、《少阳政范》、《维城典训》、《紫枢要录》、《凤楼新诫》、《孝子传》、《列女传》、《内范要略》、《乐书要录》、《百寮新诫》、《兆人本业》、《臣轨》等书。她另有《垂拱集》、《金轮集》等著述。

对于农业生产，武则天也非常重视。她说："建国之本，必在务农。务农则田垦，田垦则粟多，粟多则人富。"她规定，能使"田畴垦辟，家有余粮"的地方官升任；"为政苛滥，户口流移"的"轻者贬官，甚至非时解替"。这样，在她执政期间，农业和手工业都得到了较大的发展，人口不断增加。

武则天统治时期，边境并不安宁。她感到整个西域过于阔远，不易管辖，遂于长安二年(702)把天山以北地区从安西都护府划出来，另置北庭都护府，治庭州(今新疆吉木萨尔北破城子)。安西四镇(即碎叶、龟兹、于阗、疏勒)自垂拱二年(686)起为吐蕃所占，武则天不甘心失土，乃于长寿元年(692)遣王孝杰等大破吐蕃，恢复了四镇。她坚持边军屯田的政策，边关出现了"屯田积谷数百万，兵以饶给"和"军粮可支数十年"的良好局面。

武则天无字碑

武则天在励精图治的同时，也有不少消极的做法。她崇佛教、建寺院、筑明堂、造天枢、铸九鼎，浪费了大量的人力、物力。在打击政敌的过程中也不免滥杀无辜。官吏大增也必然加重了农民的负担，在她统治时期尽管社会经济有所上升，但逃户问题已经日益严重，府兵制开始走向破坏。武则天重用武氏宗室武承嗣、武三思、武攸绪及武攸宁等人，并大封武氏宗人为王。大臣吉顼等人深以嗣君之选为虑，武则天也感到作为女子，死后只能入李家宗庙享子孙祭祀，所以接受臣下建议，于圣历元年(698)迎还庐陵王李显，复立为太子。武氏晚年宠爱面首张昌宗、张易之兄弟，二人狐假虎威，作威作福。神龙元年(705)正月，张柬之、桓彦范、崔玄暐、敬晖等人联合右羽林大将军李多祚发动政变，诛杀二张，张柬之等人乘武则天年老病危，拥立中宗复位，尊武氏为"则天大圣皇帝"。同年冬，武氏死，享年八十二岁，遗诏"去帝号，称则天大圣皇后"。

武则天的陵前竖有一块无字石碑，据说，这块"无字碑"是按照武则天的遗志立的，意思是她的功过是非等待后人来作评说。

唐中宗李显皇后韦氏

韦氏(？—710)，中宗李显皇后。京兆万年(今西安)人。其父韦玄贞，曾为豫州刺史，母崔氏。李显两次登基，她也两次被立为皇后。

险境之中　数助中宗

韦氏出身高贵，因为受家庭熏陶，自幼读书，颇有情趣。韦氏天生丽质，妩媚动人，所以，李显为太子时，纳韦氏为太子妃。武则天做皇后时，先是废除了非己所生的太子李忠，改立她的亲生儿子李弘为太子；不久又废掉李弘改立次子李贤；最后又对李贤不满，把三子李显推上太子宝座。唐高宗驾崩后，太子李显继位为中宗，太子妃韦氏因夫而贵，被封为皇后。当然，武则天立唐中宗是因为他无能，好控制。反过来说，如果中宗有能耐，也会很快被废掉。

唐中宗的软弱无能成了皇后韦氏弄权的梯子。在韦皇后的无理要求下，唐中宗提拔了韦后的父亲韦玄贞为豫州刺史。而此时的武则天虽然成了皇太后，却把实政大权牢牢攥在自己手中，可谓风雨不透，滴水不漏，使得韦后无法通过中宗为所欲为。不到一年时间，唐中宗仅因一点小事得罪了母亲武则天，武则天就出面将中宗贬为庐陵王，发配到边远的房州，另立四儿子李旦为帝，即睿宗，自己依然总揽朝纲。韦后随中宗先是在荒僻的房州住了一年，不久又按武则天的旨意迁往均州，在均州过了两年，后又被勒令搬回房州。武则天之所以这样让他们反复搬迁，乃是为了防止他们长居一地，聚集发展起自己的势力来对抗朝廷。经过几年的折腾，武则天觉得他们的锐气已经消磨得差不多了，也就允许他们长居房州了。

在宫外患难的多年中，每当软弱的中宗陷入绝望之时，较为坚强的韦后就给他以力量和信心。每次武则天派人来访，都由韦后出面周旋打点，韦后的伶牙俐齿，使他们渡过了不少难关，因而中宗对韦后十分感激。有一天，他们闲来无事，到住处附近的感德寺探望慧范大师。途中，中宗兴致忽来，拾起一枚石子，朝天祈祷说："我如果不受到伤害，还能重得帝位，这枚石子就不要落地。"说完用力将石子抛向空中。这本是他闲极无聊，又对前途毫无把握时做的一种无奈之戏，谁知偏有凑巧，这枚抛起的石子被路旁一棵大树茂密的枝叶挡住，居然没落到地上。中宗看到石子没落地，心中大喜，韦后也笑逐颜开，以为这是苍天赐给他们的吉兆。慧范大师也就圆其说，说什么中宗复位只是早晚的事，这让他们两人兴奋了好一阵子。这次抛石问天，给中宗已濒绝望的心又带来一线希望，他握住韦后的手十分诚恳地立誓道："异时若复得见天日，唯汝所欲，不相禁止。"他此时说这种话确实是发自内心的承诺，不料后来韦后竟然用这句话来牵制他，使得他复位后，竟对猖狂淫乱的韦后无言以对。

这时，武则天几度废立太子和皇帝，大权独揽却仍觉得不够过瘾，索性在天授元年废掉唐睿宗，自立为神圣皇帝，由后台走到前台，名正言顺地执政。为了巩固自己的地位，消除异己，她大肆捕杀李姓皇室子孙和对李姓忠心耿耿的大臣。消息传到房州，吓得中宗与韦后脑门子冒凉气，心惊胆战，夜不安眠，每次听说朝廷使节前来，中宗就吓得面无人色，生怕是皇帝母亲派人来下诏赐死。懦弱的中宗失去了生存的勇气，他曾几次撞墙自杀，韦后劝解他道："福祸无常，活着就有希望，留得青山在，不怕没柴烧，何必自己送上死路！"中宗也想通了，反正是一死，只要没有逼到最后关头，那就赖活着，权当等待时机降临，何必急急忙忙自寻死路呢！这样一想，他又稍微安定下来，在韦后的陪伴下支撑着艰难痛苦的岁月。

唐代文官俑

在中宗和韦后长居房州时，外面的世界正在发生变化。武则天执政后，很多人对她的做法不满，甚至深恶痛绝，各路英豪纷纷起兵声讨，战事频繁。在扬州就有徐敬业等揭竿而起。徐敬业为了使自己的行动出师有名、名正言顺，竟打出了"匡复中宗"的旗号。武则天心中有些惊慌，她一面派30万大军前往平叛，一面又派宠侄武三思前往房州察看中宗的动静，以便见机行事。韦后使出浑身解数，传说她甚至用自己贿赂武三思，求他在武则天面前说好话，武三思没有失言。直到圣历元年(698)，在宰相狄仁杰的力劝下，武则天才派人把流放长达15年之久的中宗和韦后从房州接回洛阳，复立中宗为皇太子。中宗回宫5年以后，武则天卧病在床，张柬之、桓彦范、敬晖、袁恕己、崔玄暐等5位大臣，率军逼迫武则天让位给太子李显。就这样，中宗在失位20年后，又被推上了皇帝宝座，韦后自然也恢复了皇后的身份。

淫乱后宫　独揽朝政

　　韦后是个极有野心、权力欲极强的女人。中宗复位后如同出了笼的鸟一般，开始近乎疯狂地享受奢侈的帝王生活，对朝政却是"撂荒"。每次上朝，韦后都坐在他身后的帷幔中，如同当年高宗李治和武则天一样。大臣桓彦范上书劝谏，李显不予采纳，韦后便开始大肆干预朝政，渐渐地不把软弱的中宗放在眼里。

　　一次，安乐公主新宅落成，乔迁之喜，中宗和韦后亲临祝贺。席间，公主8岁的儿子跑过来拜见帝后，礼节非常周全，韦后见了很是喜欢，便把孩子抱在膝上，并下手诏，封他为太常卿、镐国公，食邑五百户。在场的中宗见韦后无视自己的存在，擅自做主，心中十分不悦，当即便拦住说："且慢下诏！待朕回宫去，再作计较。"韦后听了，不屑一顾，冷冷地说："什么计较不计较？陛下在房州的时候，不是说将来不禁止妾身所为吗？为何如今又要来干涉妾身呢？简直是出言无信！这样，怎么让天下人心服口服。"中宗见韦后拿那话来压他，心中愈觉气恼，他一句话也不说，传旨摆驾回宫。韦后早已不把他放在眼里，见他负气离去，也毫不惊慌，根本不当一回事。

　　武则天的侄子武三思原来和上官婉儿私通，韦后回宫后又和韦后私通。更让人无法理解的是，中宗竟然亲自安排韦后和武三思幽会，并且当面侍候。一个春日困人的日子，午后无事，韦后心中思念武三思，便恹恹地打不起精神。中宗十分了解她的心思，便命太监去宣召武三思进宫。韦后见了武三思，顿时笑逐颜开，精神振作，和武三思玩起赌双陆的游戏来。中宗则在一边手握筹码，替他俩计算输赢。韦后撒娇弄痴，和武三思传情，把中宗可怜巴巴地撇在一边。中宗到底还有一点廉耻之心，借着内侍进来奏称有事，像一条泥鳅一样溜走了。

　　有书记载：韦后淫荡成性，除武三思外在后宫中还养着3个美男子。一个是杨均，原是一个厨子，韦后见他少年英俊，便把他调入宫中，侍候自己。杨均还得了官衔。另一个是马秦客，是御医，一次偶然进宫替韦后治疗感冒，只因他眉目长得清秀，从此以后，韦后有病没病常把他传进宫来。再一个是叶静，原是马贩子出身，善玩马技，一年元宵节他在灯会上表演马技，被韦后看中。这三个人都做了韦后的幕宾，追随着韦后，不离左右，忠心耿耿。中宗对这一切装作不见，真的做到了"不相禁止"，只是他虽然乐于承受，却怕别人知道，别人知道也不要紧，只是不能说出来，否则便会立遭杀身之祸。

野心勃勃的韦后在武三思的怂恿下有了推翻中宗自立为女皇的心思。还有一个上官婉儿，14岁起跟随武则天，久参国政，官居丞相，势力很大，韦后在谋权上紧紧把她拉在自己身边。她们互相利用，渐渐结成了一个以韦后、安乐公主和上官婉儿为核心的弄权集团，整个军国大权也就几乎落到了她们手中。这个集团首先暗杀了起兵拥立中宗的张柬之、桓彦范等5位大臣。中宗复位后，立儿子李重俊为太子。韦后因为重俊不是自己所生，对他很不满意；同时安乐公主又多次向中宗请求废掉太子重俊，立自己为皇太女。太子重俊不堪韦后的排斥和打击，更不愿坐待废黜，于是铤而走险矫诏带领羽林军300骑，把武三思杀死在家中，后来羽林军知道接奉的是假圣旨，转过头来又杀了重俊。

这次事件以后，韦后为了增强自己的势力，更加变本加厉地揽权作乱，外有她哥哥韦温等分掌大权，内有安乐公主、上官婉儿和韦后的妹妹郕国夫人及上官婉儿的母亲沛国夫人等，她们共同勾结成为一个营私受贿、买官卖官、独行乱政、为非作歹的腐朽势力集团。景龙四年(710)六月，病态性的权力欲望使韦后和安乐公主合谋毒死了中宗。中宗死后，韦后秘不发丧，一面把各宰相召入宫中，征集5万兵马屯守京城，让其家族中人分领兵马；一面与太平公主、上官婉儿商议立太子之事。她们草立中宗的儿子李重茂做太子，由韦后主持朝政，像原来的武则天一样逐渐向女皇过渡。正当韦后积极布置称帝的仪式时，中宗的侄子、李旦的儿子李隆基在太平公主里应外合的配合下抢先发动了兵变，除掉了韦后、安乐公主和上官婉儿等人。

韦后的皇帝梦就这样结束了，她丧失人性的病态的权力欲望为她的一生画上了句号。

唐玄宗李隆基皇后王氏

王氏(? - 724)，唐玄宗皇后。同州下邦(今陕西渭南)人。父亲王仁皎，曾任甘泉府果毅都尉。712年，被立为皇后。在后宫中，她好争宠，但以失败告终；同时她还追逐权力，最终导致被废的结局。

佐夫政变　争宠失败

王氏是南北朝梁冀州刺史王神念的后人，也是士族出身。王氏聪明好学，姿色艳丽，体态丰腴。所以，唐玄宗李隆基初封临淄郡王时，就将王氏选为王妃。

武则天退位，中宗李显复位后，韦皇后掌握了朝政大权。韦后既有野心也很有手腕，为了达到临朝称制的目的，她与安乐公主合谋毒死中宗，重用韦氏族人。李唐王朝，再次面临易姓的危机。临淄郡王李隆基与侍读张说密谋，联络太平公主，策动羽林军包围了太极殿，将韦皇后及其族人、党羽全部杀掉，保住了李姓江山。在这一场政治风波中，郡王妃王氏以她政治上的胆识和见地，参与了丈夫的密室谋划，力劝李隆基铲除韦后及其党羽，以防后患。政变成功后，李隆基的父亲李旦即位，为睿宗。皇帝封匡扶大唐有功的李隆基为平王，后又立其为太子，王氏亦被晋册为太子妃。

　　先天元年(712)，睿宗李旦把皇位禅让给了太子李隆基，自己称太上皇。李隆基即皇帝位，号玄宗，王氏被册立为皇后。同时将王皇后的父亲升为国公。兄长王守一娶了靖阳公主，做了驸马，升为殿中少监，加太子少保，封晋国公。王皇后家族，大都得官升迁。

　　在皇宫当中，很多女子都是因为儿子而得以显贵的。然而，作为"母仪天下"的王皇后，自从嫁给李隆基，一直没有生得一男半女。这让王皇后忧心忡忡，因为自己没有儿子来继承皇帝之位，皇后名位也难以永保。李隆基即位后，曾梦有神人告之：神佑此子。后来杨良媛生了一个男孩，根据《易经》而取名为亨。所以，唐玄宗对李亨母子宠爱有加，晋封杨良媛为贵嫔，这就更增添了王皇后的忧虑。她想找人算算，究竟李亨是否就是皇上梦中神人告之的孩子，于是找人寻得一位道长为李亨占卦，没想到卦相为"不宜养"。王皇后便以此为理由将李亨接到自己的身边亲自抚养，达到了收为己有的目的。杨贵嫔无奈只得割爱，不久病逝，但王皇后的忧虑依然存在。

　　原来此时，玄宗正宠爱武惠妃。武惠妃受到的礼遇几乎与王皇后相同。武惠妃恃宠而骄，从不把王皇后放在眼里。对于武惠妃的骄蛮，以及她的逾礼过失，王皇后十分不满，时常在玄宗面前数落她。对武惠妃极度宠爱的玄宗已经昏了头，不但不相信王皇后所说之话，反而认为她是在争宠，故意进谗言诋毁武惠妃。

唐玄宗李隆基

　　久而久之，唐玄宗对王皇后的所作所为非常厌恶，再加上武惠妃的挑拨，逐渐产生了将王皇后废掉的念头。他多次与姜皎商议此事，姜皎有意无意地将玄宗废后的念头泄露出去，引起许多大臣不满。玄宗气愤之极，立即下诏流放姜皎去边地，唐玄宗废后的意图便不言而喻了。王守一将废后之事密告王皇后，王皇后十分恐慌，感到这就是一个信号，是一个危险的开始。自武惠妃专宠以后，玄宗几乎不召王皇后及其他嫔妃侍寝，王皇后与玄宗的关系日渐疏远。

实施蛊咒　被废身死

王氏整个家族都对皇后当前的处境感到忧虑和担心。王皇后的兄长、驸马王守一更为焦虑，他深知王皇后一旦被废，王氏家族的荣华富贵不但得不到保证，就连生死性命也很难预测。情急之中，王皇后便与王守一商量，求助于符蛊左道，以求度过危机。王皇后身处后宫，多有不便，王守一便全权负责起了蛊咒作法的具体事宜。

经过多方打探，王守一听说左道僧人明悟精于蛊咒之术，于是请明悟在府邸设坛作法。明悟教王守一沐浴祭拜"天枢"北斗，取块称作"霹雳木"的压胜神牌，刻上玄宗"李隆基"的名字，画符压住，念咒封固。然后，将"霹雳木"交给王守一，十分肯定地说："皇后佩带此牌，定会早得贵子，大有作为，君临天下。"此话正符合王氏家族的意愿，所以，王守一万分高兴地接过"神牌"，悄悄入宫，把他交给王皇后，并将明悟之言告诉于她。王皇后于是将"神牌"佩带于身边。

王皇后认为，明悟法术可以咒压玄宗不敢废后，况且是因为自己的大力支持才使李隆基登上皇帝宝座而君临天下的。所以，她坚信自己的胆略和才能。于是，王皇后认为万无一失，竟以武氏第二自诩，将玄宗比作高宗李治。

很快，宫人就将王皇后的所作所为全部给告发出去。唐玄宗听后，十分震惊，尤其是对蛊咒之事，更是忍无可忍，他生怕再出现一位武则天或韦后式的人物，危及李氏王朝的社稷。开元十二年(724)秋七月，唐玄宗亲自调查此案，人证物证俱在，罪不可赦。为此，唐玄宗颁布诏书，废除王氏的皇后名位，贬为庶人，迁出后宫，别院安置。同时将王氏家族中人的所有官职、品位全部除去，并根据罪行对他们量刑处置。王皇后十分绝望，临行前，她请求玄宗念在结发之情再见一面，玄宗准奏。王皇后与玄宗会面时，泪如雨下，失声痛哭，可怜兮兮地说道："陛下难道不念你我患难时的情分吗？"但玄宗对此毫无反应。

当年十月，身心憔悴的王氏因忧郁过度而病死，唐玄宗下令以一品官的礼遇将王皇后葬于长安城外的无相寺。后来，玄宗的孙子、唐代宗李豫继位以后，于宝应二年(763)，宣诏为"废后"王氏昭雪，免去所有罪名，追复"皇后"尊位，但没有追封她的谥号。

附：唐玄宗李隆基贵妃杨玉环

杨玉环(719－756)，唐玄宗妃。蒲州永东(今山西永济南)人。父亲杨玄琰，追封齐国公；母亲李氏，受封陇西郡夫人。745年，唐玄宗封其为贵妃。她虽然没有政治野心，却是安史之乱爆发的间接原因，唐朝从此走向衰落。

天姿国色　媳作翁妇

相传，杨玉环出生时手臂上还套着一枚玉环，她的名字就由此而来。杨玉环自幼父母早亡，任河南府士曹的叔父收养了她。杨玉环在洛阳度过了她的少女时代。

开元二十二年(734)，杨玉环已经成长为一个亭亭玉立、娇艳无比的少女了。她经常在府中弄歌习舞，据说杨家的使女以前是歌舞伎，舞技很好，在她的指点下，杨玉环学会了胡旋舞。杨玉环性格开朗、热情，喜欢出游，所以，时常结伴外出。一个偶然的机会，杨玉环认识了玄宗皇帝最宠爱的女儿咸宜公主。从此，杨玉环的人生道路发生了转折。

有一次，咸宜公主在她的府邸举行游宴，杨玉环也应邀参加。在宴会上，她认识了公主的同母弟弟、时封寿王的皇子李瑁。杨玉环的姿色使寿王一见钟情，其实，寿王李瑁早在咸宜公主的婚宴上见过杨玉环，李瑁此时尚无王妃，十分想得到杨玉环，所以专门替姐姐筹办了这次游宴。咸宜公主和寿王都是唐玄宗最宠爱的妃子武惠妃所生，惠妃所生的子女，在玄宗那里也比较受宠。儿子对杨玉环有好感的事，武惠妃已通过女儿咸宜公主获悉，又当着玄宗的面提到此事，玄宗也很快应允了这件事。

开元二十三年(735)十二月，杨玉环被册立为寿王李瑁的王妃。寿王李瑁十分喜欢杨玉环美丽的姿容，对她是百般欢宠，所以，她在寿王府的几年里是十分顺利的。寿王除了入宫进行指定事务外，就寸步不离地陪伴着杨玉环，甚至利用母亲的宠爱让武惠妃一起伴杨玉环出游，所以杨玉环也受到了婆婆武惠妃的格外关照。而且，杨玉环生子后，武惠妃时常去寿王府，对杨玉环关怀备至。在最初，杨玉环也并不理解李瑁一心做太子的愿望，后来在宫中待

杨贵妃

得久了，她感到当太子妃更好，而且一旦武惠妃的谋划成功，寿王将继承皇位，她就会成为皇后。然而，开元二十五年(737)十二月，年仅40岁的武惠妃突然暴病身亡，李瑁被立为太子的希望顿时变得十分渺茫。

开元二十六年(738)七月，唐玄宗立李亨为皇太子。武惠妃去世后，玄宗皇帝陷入了深深的哀痛之中，整日郁郁寡欢。唐玄宗宠信的宦官高力士十分擅长巴结逢迎，他为讨好玄宗，就把杨玉环推荐给了他。起初玄宗有些顾虑，但后来被高力士的花言巧语打动了。

开元二十八年(740)十月，玄宗带领文武官员行幸骊山温泉宫。第二天，玄宗派出使者前往长安寿王邸，诏令寿王妃杨玉环赴骊山侍驾。寿王虽然难以割舍杨玉环，但是父皇的旨意又不能违背，为免于杀身之祸，他决定献出爱妻，希望就此能使父皇立自己为太子。杨玉环一直处在惶恐和不安中，虽然有悖伦理，可又无奈，现在与丈夫分别，她实在不忍，但是丈夫的想法又使她觉得轻松了很多。作为一国之主的父皇，有权要求任何东西，只有依从皇帝，才能保证自己的好运气，才能保证杨家的荣华显要和丈夫寿王及两个年幼孩子的性命。于是夫妻二人怀着强烈的眷恋和痛苦告别，之后杨玉环便匆匆乘轿离开寿王府，连夜赶往骊山去服侍玄宗。

开元二十九年(741)正月，在玄宗授意下，杨玉环出家做了道士，取法号"太真"，住在皇宫中的太真宫里，随时为皇帝侍寝。入宫一年来，皇帝几乎每晚都要她伴寝，曾经一度受玄宗专宠的梅妃也逐渐被疏远了。但杨玉环没有名位，又遭到梅妃的辱骂，她不甘心，便让玄宗改称呼。从此，玄宗便亲切地称杨玉环为"娘子"，而且让宫中的人也这样称呼，杨玉环也借此提高了自己的地位。杨玉环通晓音律，能歌善舞，加上她聪慧过人、善于献媚的天赋，越发使玄宗迷恋。为了陪伴杨玉环游乐，玄宗把军国大政委之于李林甫。杨玉环在玄宗的心目中占有极为重要的地位，除了她，玄宗几乎忘掉了其他的女人。在朝中，善于拍马屁的高力士及一些文武官员，为了讨得玄宗的欢心，也极力讨好杨玉环。

天宝二年(743)正月，唐北部边塞的胡将安禄山来朝觐见玄宗，受到玄宗李隆基的隆重接待。为了犒劳安禄山，玄宗赐给安禄山许多金银珠宝，还任命他为范阳节度使、河北采访使，顷刻，安禄山一下子增添了10万人马，掌握了北部边塞的军政实权。安禄山在征得玄宗同意后，认杨玉环为母亲。为了庆贺杨玉环收安禄山为义子，宫中盛宴不断。

贵妃上马图

一人得宠　鸡犬升天

　　天宝四年(745)七月，唐玄宗册立韦昭训的女儿为寿王妃。八月，唐玄宗册封太真宫女道士杨玉环为贵妃。杨贵妃父亲杨玄琰被追赠为济阳太守，封齐国公；母亲李氏受封陇西郡夫人，叔父杨玄珪官拜光禄卿银青光禄大夫；哥哥杨铦为殿中少监；堂兄杨锜为驸马都尉，并尚武惠妃所生的太华公主为妻。唐玄宗还将她的三个姐姐分别封为韩国夫人、虢国夫人、秦国夫人，并赐第长安，准她们以女官身份出入宫廷。

　　杨玉环被册封后，立刻从冷冷清清的太真宫搬出，进住兴庆宫，光明正大地做起了贵妃来。其侍女人数也大大超过以前，单是为她织锦刺绣的工人就有1200多人，出则乘轿，入则服侍，所享受的礼仪规格只在武惠妃之上。她陪伴玄宗皇帝接见回京上朝的大臣，外国使臣进京也要为她备一份厚礼。饭菜稍不如意，杨贵妃就要大发脾气，御膳房为投其所好，据说一顿饭的花销就相当于当时十户中等人家的房产。玄宗皇帝也不时地赐给她各种金银饰物和古玩珍画。

　　杨玉环的三个姐姐长得十分貌美，在宫廷中举行的每场宴会，都会出现她们三人的身影。三人中长相最美的虢国夫人，特别善于逢场作戏、搔首弄姿。她时而笑闹不止，时而满面娇羞，有时甚至当着杨贵妃的面和皇帝眉来眼去，打情骂俏，玄宗对他也产生了非分之想。

　　天宝五年(746)盛夏，皇帝在杨贵妃、三位夫人和满朝文武的陪同下一起游曲江。行将结束时，贵妃提议到附近的乐游原上看夕阳美景，玄宗推托饮酒过量想回帐篷歇息。贵妃一行刚走，虢国夫人就趁机溜了回来，与玄宗成了美事。杨贵妃早已对虢国夫人不放心，当发现玄宗和虢国夫人都不在，她立即带领随从径回玄宗歇息的帐篷。结果令众人都尴尬的场面使杨贵妃气愤已极，马上让人备车回宫了，玄宗马上发下令其回去保驾的诏令，杨玉环也不予理睬。

　　次日一早，皇帝就派使者让杨贵妃出宫，搬到杨铦府第。杨贵妃余怒未消，拔腿便去。杨氏家族的人恐慌起来，极力劝贵妃向皇帝赔罪，杨贵妃仍不理睬，坚持认为罪责不在自己身上。

　　这一天唐玄宗完全是在盛怒中度过的。他希望贵妃能向自己认个错了事，然而贵妃却更倔强。到了晚上，玄宗皇帝终于耐不住了，命人把赐膳送到杨府。次日又有十几辆宫车运来了贵妃的衣物和几十个侍奉贵妃的侍女。杨玉环十分聪明，立即明白唐玄宗也不生气了。唐玄宗李隆基在杨贵妃出宫后第五天夜里派高力士将她迎回。唐玄宗下令在宫中举行欢宴为贵妃压惊，并赐给贵妃各色各样的小玩意儿，给她的姊妹每年几千万钱的脂粉费。整个杨氏家族的命运也转危为安，而且还受到了大量的赏赐。杨贵妃爱吃荔枝，荔枝成熟时玄宗就诏令岭南地方官选择最好的，马不停蹄地日夜兼程由专人奉送。不明真相的人还以为是什么重要的军国大事呢？

谁知到了第二年的春天，杨贵妃再次被逐出皇宫。原来杨贵妃听说宁王有个玉笛能吹奏出美妙的声音，就派人去借了来吹奏。玄宗的弟弟宁王，喜好音乐，他的笛子借给贵妃这在礼制上是欠妥的。杨贵妃悠然自得的神情使唐玄宗大怒，她于是又被皇帝驱逐出宫，搬到杨铦处。

杨家人感到那欢乐的生活将会一去不复返，杨氏家族将从此衰弱，甚至会招致杀身之祸。谁知第四天晚上，内侍张韬光送来了皇帝赐给的膳食，贵妃悬着的心终于放下。杨贵妃剪了一绺头发用罗帕包妥交给张韬光，赋就短笺一张，令其转呈皇上："臣妾死不足惜，唯望陛下珍重圣体，陛下对杨氏家族的大恩大德妾死不敢忘。今将头发一绺奉献陛下以为纪念。"玄宗见一绺秀发，心中一阵痛楚，马上派高力士迎接贵妃回宫。杨贵妃回宫后，唐玄宗更是对她百般宠爱，立即满足她所提出的任何要求，同时也赏赐大量的财物给杨氏家族。

杨贵妃奢侈的程度令人难以企及，杨氏家族更是因她而飞黄腾达。她的两个堂兄和三个姐姐在长安都有御赐的宅邸，时人誉为杨氏五府。除皇宫外，长安城最豪华的当属五府的住宅。在入宫时，公主都要给三位夫人让座，她们出游时，地方官员都必须亲自出迎，盛情接待，备上丰厚的礼品。

杨贵妃的从兄杨钊曾在蜀地做小官，到长安后因贵妃的关系得任监察御史。高力士给杨贵妃出主意说，如果想巩固她贵妃的地位，最好莫过于让杨钊与贵妃的干儿子安禄山联起手来。在高力士的举荐和贵妃的暗中干预下，杨钊很快又升任御史中丞。诏书发布后，杨钊到贵妃馆去谢恩。杨贵妃此时依然嫉恨曾受皇帝宠爱的梅妃，虽然她人早已离开了大明宫。她向杨钊提起这件事，杨钊心领神会，便派人杀了梅妃。

干涉国政　马嵬赐死

随着杨贵妃一天天地受宠，她的权力也一天天扩大，她的要求几乎就是诏令。天宝十年(751)元宵灯会，五府各自带着随从在街上横冲直撞，在西市与玄宗女儿广平公主相遇，双方互不让路发生争执，杨府随从挥鞭打人，致使广平公主受伤落马，驸马程昌裔挨鞭受伤，由此可见杨府的权势。公主向父亲玄宗哭诉，玄宗大怒，降旨将杨府随从乱棍打死，驸马程昌裔被削职为民。

由于杨贵妃在皇帝面前的极力夸耀和杨钊的投机钻营，到天宝九年(750)，杨钊已官至兵部侍郎兼御史中丞，遥领剑南节度使，身兼十五使职，权倾内外。这年八月，玄宗又赐杨钊名国忠。杨国忠阴险奸诈，接受贿赂，暗结帮派，媚取皇帝，骗取玄宗的信任。当时的宰相李林甫十分不满皇帝对杨国忠的宠信，开始对他进行排挤和破坏。为了与李林甫对抗，杨国忠在杨贵妃的帮助下加强了与安禄山的联系。天宝九年五月，在杨国忠的请求下，唐玄宗下诏赐给安禄山东平郡王的职位。

华清出浴图

天宝十年(751)，李林甫以剑南地方战乱迭起、边境不稳为借口，奏请玄宗，剑南节度使杨国忠应立即到任平定战事。贵妃心里十分清楚这只是想将杨国忠排挤出朝廷的借口而已，杨国忠压倒李林甫成为朝中头号人物，这对杨家的显赫和她自己地位的稳固都大有好处。杨国忠受到暗算是她不能容忍的，她立即唤高力士商量。高力士是主要的谋划者，他认为杨国忠不如先到蜀地处理军务，暂避风头，然后由贵妃奏请圣上将其召回。果然，在杨贵妃的努力下，玄宗派出的使者几乎与杨国忠同时进入蜀地将其召回。

天宝十一年(752)十一月，当了19年宰相的李林甫因病死去。玄宗马上发布了由杨国忠代替李林甫为宰相的诏令。杨国忠当政后，唐朝政治更加混乱不堪。杨国忠欺上瞒下，扣留战败奏折，不经玄宗同意，擅作主张更动人事。他利用宠臣的地位，身兼三十多使职，横行受贿，广结罗网，成为李林甫之后又一大奸相。

天宝十三年(754)正月，安禄山入朝拜年。在他入京以前，宰相杨国忠为了争宠也为了消除安禄山对自己相位的威胁，曾多次上奏安禄山正在积蓄力量准备叛唐，要求玄宗用明升暗降的办法削夺安禄山的兵权。由于杨贵妃对安禄山的暗中庇护，玄宗一直不予理睬。安禄山被召进宫，受到皇帝和杨贵妃的热情款待。三天后，杨贵妃把安禄山召进自己馆舍，在虢国夫人等人的怂恿下，几个妇人给安禄山洗了婴儿澡，一直闹到深夜。外界纷纷传言杨贵妃与安禄山关系暧昧，只有玄宗不知道。

天宝十四年(755)十一月九日，安禄山趁唐朝国力空虚，守备不足，便以"诛杨国忠"的名义在范阳(今北京)起兵，和史思明一起率领胡汉兵马15万长驱南下，直指长安，"安史之乱"由此爆发。

洛阳失守后，唐玄宗决定亲自率军征讨安禄山，让太子监国。对玄宗的打算，杨贵妃立即表示赞同。然而得知太子监国、玄宗亲征消息的杨氏家族却惊慌了起来。杨国忠请求贵妃设法阻止皇帝亲征。他认为杨氏家族一直与东宫太子不和，太子一旦监国，杨家满门都会丧失性命。杨贵妃于是又进行了一番劝说，唐玄宗决定留守长安。

天宝十五年(756)六月，安禄山攻破潼关，震惊了整个长安，宫内宫外一片慌乱。潼关一失，长安已无险可守，安禄山的部队很快就会到达长安。玄宗在杨国忠的鼓动之下，决定出逃蜀地。六月十三日，玄宗李隆基带着杨贵妃、高力士及一些皇子皇妃踏上了逃难的路途。太子李亨、宰相杨国忠等臣僚以及充当护卫的龙武将军陈玄礼率领的龙武军也同时出发，保护玄宗去往蜀地。

玄宗一行到了马嵬驿站，陈玄礼和手下将士以为遭此大难全是杨国忠骄横引起的，于是发动兵变，杀了杨国忠。随后叛乱的士兵围住了驿馆，龙武将军陈玄礼大声说："宰相杨国忠谋反已被臣等杀死，然而祸根却还留在陛下身边，三军将士请陛下割爱正法！"玄宗深知陈玄礼的意思是要杀了杨玉环，但他实在舍不得。士兵聚集不动，满脸杀气，形势非常紧迫。高力士知道，若不答应三军将士的请求，皇上的性命也难以保全，所以，高力士急促地说："贵妃确实无罪，可是大家已经杀了杨国忠，如果贵妃还在，侍奉陛下身边，将士们实在是不能安心哪！"

杨贵妃明白自己决不可能逃脱这场劫难，她站起身让高力士向将士们传话自己将以死殉国。然后，她又跪在玄宗面前含泪向皇帝长辞："愿陛下珍重圣体，尽量设法求自免，妾死九泉亦当瞑目！"于是，在马嵬驿佛堂前的梨树上，年仅38岁的杨贵妃自缢身亡。

南唐后主李煜皇后周娥皇

周娥皇(936－964)，南唐后主李煜皇后。广陵(今江苏扬州)人。其父周宗，官至南唐宰相。周娥皇于961年被立为皇后。她天资国色，才华横溢。琴棋书画、诗词歌舞无所不能，尤其弹得一手绝妙的琵琶。娥皇具有很高的音乐天赋，她将失传的《霓裳羽衣曲》遗音复传。她风流而有才气，独创高髻纤裳，成为当时的流行服饰。娥皇与后主夫妻恩爱，二人不理朝政，整日在宫中词曲歌舞往来，乐此不疲。但好景不长，年仅28岁，便香消玉殒了。

周娥皇，自幼聪明伶俐，既学诗书，又学弈棋、歌舞，尤其弹得一手绝妙的琵琶。娥皇少年时，曾在李煜父皇李璟面前弹奏琵琶，李璟极为赞赏，将自己最珍惜的"烧槽琵琶"赏赐给她。

保大十二年(954)，18岁的娥皇嫁给了17岁的皇子李煜。两人婚后爱情弥笃，生活美满。当时，天下战乱纷争，他们却并不理会，二人词曲来往。有时李煜填词，娥皇作曲；有时李煜作诗，娥皇演唱，生活丰富多彩。后来生了两个儿子，长子仲寓，少子仲宣，皆长得逗人喜爱。7年后，国家形势发生了巨大变化。北方后周王朝在柴荣皇帝的治理下逐渐强大，派兵南侵，几次战役，南唐大败，丧失了江淮之间全部领土，周军在长江以北

南唐后主李煜

与南唐王朝隔江相望，随时都可能渡江消灭南唐。南唐元宗李璟不知所措，逃往南昌（今江西南昌）避难，将李煜立为太子。不久，李璟在恐慌和惊吓之中死去。李煜做了皇帝，册立娥皇为后。但是李煜当的只是儿皇帝，要向后周皇帝称臣进贡，后来又向北宋皇帝称臣进贡，处在十分屈辱的地位。对北宋，李煜是臣子；对南唐小朝廷，他是皇帝。然而，即使在这种情况下，李煜和周娥皇也对国家的安危和屈辱感到无能为力，他们只能沉迷于写诗填词、歌舞作乐之中。李煜对娥皇的感情日深，夫妻二人成天带着两位小皇子在宫中游乐，希望他们长大当诗人。在国事日非的情势下，李煜反而在诗词创作上获得了丰收。

李煜为娥皇写了许多诗词，皇帝皇后成天在宫廷轻歌曼舞，颇废政事。周娥皇对李煜从不进行劝谏，反而越玩越高兴。为此，御史张宪曾当面劝谏，词情恳切。李煜只是听，也不发怒，也不改正，只是赐张宪帛30匹，以资表扬，但仍旧歌舞不停，成天玩乐。

周娥皇风流而有才气，当了皇后更是刻意打扮。她独创了一种高髻纤裳以及首翘鬓朵之妆，唐代贵妇人一般都穿肥大的衣裙，她却独具匠心地制作了一种瘦腰形的裙子，穿起来曲线显露，婀娜多姿。当时妇女争相仿效，成为流行服饰。

周娥皇极具音乐天赋，她自小学古筝，弹得一手好琵琶，精通数种乐器。她谱曲的水平也很高，李煜的许多词都是由娥皇配曲。有一个流传很广的故事说盛唐之时有一首著名的大曲《霓裳羽衣曲》，安史之乱以后，乐工离散，曲谱失传。有一份民间的残谱，传入了南唐宫廷，但一般乐工礼官都无法将其谱理出眉目。娥皇便令人将谱拿来，仔细钻研，几个月后，就理出了头绪。娥皇用琵琶弹奏，使开元、天宝的部分遗音复传于世。娥皇又加以引申创作，排成了大型的曲舞，轰动了京城。当时内史舍人徐铉也懂音律，听后啧啧称是，曾对宫廷乐师曹生说："的确像开元天宝之音，但曲谱改了，不是吉祥之征。"

果然，好景不长，周娥皇忽然染病。娥皇卧病期间，李煜丧魂失魄，整日陪伴着娥皇，且夕侍疾，药非亲尝不进，甚至衣不解带，服不解体，累夕如是。

正当病情有些好转之时，周后最宠爱的少子仲宣夭亡了。仲宣小字瑞保，非常聪明，3岁读《孝经》，能一字不漏地背诵，一听到奏乐，就知道节拍音调，周后对他寄予厚望。但他娇生惯养，弱不禁风。北宋乾德二年(964)，4岁的仲宣正在一尊佛像前玩耍，一只猫一跃碰倒了大琉璃灯，一声巨响，小仲宣吓昏过去，没想到孩子受了惊，竟一命呜呼。失去儿子对娥皇无疑是最沉重的打击，她的病情加重恶化，终致不起。

周娥皇知道自己已无药可救，便让侍女将李璟所赐的烧槽琵琶拿来，又将平时所佩的一对玉环，交给李后主。临死之时，要求后主对她薄葬。这一年的十一月甲戌日，一代才女周娥皇死于金陵瑶光殿西室，年仅28岁。

南唐后主李煜皇后小周氏

小周氏(？－978)，南唐后主李煜皇后。广陵(今江苏扬州)人。李煜的前皇后周娥皇的妹妹。968年被立为皇后。小周氏才貌双全，天真纯情，深得李煜的喜爱。他们夫妻二人不顾国势日危，终日歌舞游乐，诗词往来，最后双双成了北宋的阶下囚。

小周后与她姐姐相比更漂亮，更天真纯情。她从小就聪明过人，才思敏捷，受过良好的教育，学会了作诗填词，书法作画，且能歌善舞，尤其在跳舞方面，更是她姐姐所不及的。

小周后长到十七八岁时，出落得窈窕多姿，如出水芙蓉。她经常出入宫禁，和姐姐、姐夫一起游玩。李煜是风流皇帝，多年来专宠娥皇一人，别的妃嫔很少进御，唯独被娥皇的这个漂亮纯情的妹妹所吸引，心灵被深深触动。

娥皇死后，小周后和李煜十分悲痛。葬礼过后，李煜正式把她接入宫中代替姐姐的位置。但由于李煜心存娥皇的亡灵，和小周后的婚礼迟迟没有举行。直到北宋开宝元年(968)，李煜才开始议立小周后为继室，称国后。和大周后相比，小周后的婚礼要冷清得多。即便这样，李煜还是尽量隆重地摆了排场，以便让小周后心里高兴一些。

婚礼举行的那一天，李煜命令百姓杀鹅以代白雁，披以文绣，拿着彩带，在大街上举行迎亲聚会。当时，围观的群众多达几万人，人们推推搡搡，爬高就低，有不少人摔死、摔伤。暗地里不少老百姓咒骂皇帝，亡国在即还逞这等派头。又据说，举行婚礼那天，李煜大宴群臣，受到宰相韩熙载等人的作诗讽刺。

对大臣的讽刺李煜对之既不理会，也不责备。他知道自己愧对百姓，却又无力扭转乾坤，不如当一天皇帝享乐一天。大周后死后，他把全部的爱都倾注于小周后身上，日夜与小周后歌舞游乐，诗词往来，抛却了一切国家前途和个人命运。

北宋开宝八年(975)，宋军攻破了金陵，灭亡了南唐，小周后和李煜成了宋军的俘虏，被押送到北宋首都汴梁(今河南开封)。小周后被太祖封为郑国夫人。太祖去世后，太宗早就倾慕小周后的美貌和才气，故意让小周后进宫跳舞献技，李煜哪敢违抗。小周后每次从宫中回到李煜身边，就放声痛哭，使人肝胆欲裂。

北宋太平兴国二年(977)七夕，即李煜42岁生日那天，李煜和小周后夫妇召集了一些南唐故旧，在他们的私第举行祝寿宴会。在宴会上，小周后强打精神为大家演唱了《虞美人》和《浪淘沙》两首词曲。不料，太宗赵光义认为"故国不堪回首月明中"和"恰似一江春水向东流"两句是李煜眷恋故国，有复辟之嫌。于是让弟弟赵廷美拿了毒药，鸩杀了李煜。

此后，宋太宗希望小周后进宫内居住，小周后不愿再受污辱，当场就拒绝了。而且自这之后，人们再也没有看到她露过笑脸。几个月后，小周后在悲愤忧郁中死去，年仅二十几岁。

附：宋太祖赵匡胤皇太后杜氏

杜氏(902－961)，宋太祖赵匡胤生母，定州安喜(今河北定县)人。其父亲杜爽，赠太师；母亲范氏。960年被尊为皇太后，谥号"昭宪"。杜氏以礼治家严谨，对宋初政治有重大影响。

严教辅政　助子登基

杜氏于后梁时期与官宦赵弘殷结婚，婚后他们的生活并不平静，她饱受兵荒马乱、颠沛流离之苦，生下的一儿一女都先后夭折了。直到婚后第10个年头，才在洛阳夹马营生下了第二个儿子赵匡胤，12年后又在浚仪(今开封)官舍生下了三儿子赵光义。后又接连生了两个儿子、一个女儿。

杜氏娘家家境殷实，信佛教，乐善好施，在安喜一带名声颇好。她家位于从幽涿通往汴洛的官道附近，南来北往的官员商贾络绎不绝，来她家歇憩做客的人也时常出现，这使她有机会接触三教九流各种人物，因此，她待人处世的见识远非名门闺秀所能及。在婚后，她的见识也随着生活的磨炼，以及丈夫、儿子在政治上的发展而逐步增长。

杜氏性格坚毅，治家极有礼法，对孩子的训导也很严格。但她又与一般严格教子的母亲不同，杜氏不是一味地把孩子拴在身边，而是让他们循着自己的天性发展。匡胤好舞刀弄枪，学习骑射；光义嗜好读书。杜氏和赵弘殷就尽力按他们的喜好为他们的发展创造条件。赵弘殷在后周时领兵征伐淮南，每破州县，对金银财宝一概不问，只搜求各类古书捎给光义，赵光义的学识因此十分渊博，善于谋略。

赵匡胤在五代十国社会大动荡时期度过了他的青年时代，一些藩镇为夺取皇位，征战不已，朝代更替频繁。赵匡胤投奔了郭威，并受到郭威的赏识。郭威灭亡后汉建立后周。郭威死后，世宗柴荣即位，赵匡胤因屡建功勋，职位提升很快，被任命为定国军节度使兼殿前都指挥使，成为后周最高军事将领之一。杜氏也被封为南阳郡太夫人。赵弘殷去世后，杜氏跟随儿子匡胤生活在军旅之中。几年后，当赵匡胤准备发动兵变时，杜氏不仅坚定不移地支持儿子，而且还积极参与谋划。

后周显德六年(959)，周世宗柴荣病逝，年仅7岁的太子即位。赵匡胤发动陈桥兵变的消息传来，赵匡胤的夫人王氏颇有些紧张，而杜氏则神态自若，说道："吾儿平生奇异，素有大志，人们都说他能极尽富贵，没有必要为他担心。"

赵匡胤登上皇位，尊母杜氏为皇太后。建隆元年(960)二月，杜氏高坐朝堂，赵匡胤率百官行朝贺礼，杜氏的脸上并没有欣喜的神情，却显得忧心忡忡。几个大臣连忙趋前问道："自古以来，母以子贵，现在您的儿子贵为天子，这是陛下的齐天洪福，太后为什么闷闷不乐？"杜氏徐徐说道："我知道圣人说过，位于万民之上，若治理国家有方，自可博取万民拥戴，皇帝自然尊贵无比。一旦出现失误，恐怕想要做一个普通百姓也很难，这还不值得担忧么？"这番话使侍立一旁的赵匡胤怦然心动，急忙向太后拜谢："儿一定牢记母亲的教诲，不敢有违！"

赵匡胤称帝后，杜太后经常与儿子共同讨论国家大事，参与一些重大决策。赵普被赵匡胤视为股肱之臣，杜太后常对他说："赵书记(赵普曾在赵匡胤手下担任掌书记)，我儿子阅历还很少，以后你还要多费心啊！"赵普对杜太后的信任非常感激。赵匡胤本来就很佩服赵普，母训更增强了他对赵普的信任，长期用为宰相。赵普为北宋初期开创基业做出了巨大贡献。杜太后对赵普的信任，使君臣关系更加密切，政治也平稳安定。

金匮之盟　真假莫辨

建隆二年(961)，身患重病的杜太后起不了床，赵匡胤煎药侍汤，不离左右。有一天，太后突然问赵匡胤为什么他能得天下，赵匡胤鸣咽着说不出话来。杜氏严肃地说："你当皇帝只是因为柴氏让幼儿主天下，如果柴家朝廷有年长的人坐江山，不把大权交给你，你又岂能夺皇位。我们不能重蹈柴氏的覆辙，你百年之后，帝位先传给光义，以后由光义传给光美，光美再传给你的长子德昭。治理幅员辽阔的天下，安定百姓，需要一个年长的皇帝，这才是社稷的福分哪。"赵匡胤一面哭，一面叩头说："儿一定遵从母亲的教诲。"杜氏又对赵普说："你要记下我说的话，不可违背。"赵普当着杜氏的面记下了她的遗嘱，并在后面写上"臣普书"的字样，然后把它放进一金匣里，交给谨慎老成的宫女掌管。这在历史上被称为"金匮之盟"。

赵匡胤在他死前，一直没有公开太后遗命，但也没有明确继承人。近代史学家认为，"金匮之盟"是根本不存在的。赵普公布"金匮之盟"时赵光义即位已有7年之久。此时，赵匡胤的两个儿子也已死去。因此人们推测这是赵普与赵光义共谋杜撰的。如果"金匮之盟"确有其事，它很可能是引起赵氏兄弟为争夺皇权而相互残杀的原因之一。

宋太祖赵匡胤

建隆二年(961)六月，60岁的杜氏死于滋德殿。葬于安陵，良德二年(964)，改谥号"昭宪"。

宋真宗皇后刘娥

刘娥(968－1033)，宋真宗皇后，小名娥，华阳(今双流县)人。父亲刘通，官至嘉州刺史。1012年被封为皇后，谥号"章献明肃"。

借腹生子　终得后位

刘娥的父母在她很小的时候就去世了，她被一个流浪艺人所收养，并被带到了益州。刘娥14岁时，那个流浪艺人也死了，一个叫龚美的银匠将她纳为妾。刘娥姿容秀丽，龚美的妻子不能容她，龚美就带着她来到宋王朝的京都开封谋生。

龚美进京后结识了襄王府当差的人，却不知道富贵已经降临到了他的身上。襄王赵恒是宋太宗的第三个儿子，他曾让左右侍从为他留心查访一个蜀地美女来侍候他。这时与龚美相识的襄王府当差人立刻想到龚美标致的妻子，连忙跑去告诉龚美。次日龚美带着自己的小妾刘娥，诈称自己的妹妹，来到襄王府。赵恒一下被这个15岁的少女吸引了，看得他如痴如醉，当晚就留宿在襄王府。从此赵恒对刘娥极其宠爱，将以前的几个嫔妃全部抛在脑后，深深地迷恋上刘娥。

至道三年(997)三月，太宗驾崩，赵恒即位，是为真宗。刘娥被赐封为美人，真宗有意立刘娥为皇后。但朝中大臣以刘娥出身卑微而反对，真宗只好作罢，于是开始一再提升刘娥在宫中的地位，先是封刘娥为美人，再封为修仪，再封为德妃，地

宋真宗赵恒

位仅次于皇后。

虽然受着皇帝的百般宠爱，但刘娥自入宫以来一直没有生育。皇妃没有生育能力，特别是没有男孩，别说当皇后，就是现在的地位也很难保住。刘娥把侍从李氏召来，软硬兼施，搞了个双凤戏龙，李氏怀孕了。刘娥借口怀子，不见皇帝，直到孩子降生。更幸运的是李氏所生为一个男孩。刘娥安置了李氏，自己做了"母亲"，寥寥无几的知情者服从了刘娥，为刘娥保密。拥有儿子的刘娥就拥有了当皇后的资本。大中祥符五年(1012)十二月，刘娥正式被封为皇后，此时她已经43岁了。

勤俭治国　任用贤能

刘娥成了一人之下万人之上的皇后，却仍然对自己保持低调，带头清廉。她衣着打扮简朴，要的是神圣高贵。她请自己的亲朋吃饭，从不使用皇家器皿。刘娥让皇帝和大臣们的宫女侍从个个都是华丽衣着和精心打扮，以此向邻国显示大宋帝国的繁荣昌盛，而自己的宫女和侍从却是个个素装淡抹。刘娥送给长公主等上了年纪的皇家女子珠宝帕首，以便她们在临朝和外出的时候不必为假发和容颜而发愁。一次，她的亲朋也要求珠宝帕首，刘娥回绝了。在刘娥的影响下，丈夫真宗和"儿子"仁宗都不敢贪图享受，而是兢兢业业地做好治理天下的事情。例如，真宗能宽仁慈爱和抵御北方外族入侵，保证了天下太平和经济发展。仁宗能恭俭仁恕，有了旱灾水灾，他立在殿下，为全国百姓祈祷。有一次，他晚上不能睡觉，饿了，很想吃羊肉。侍臣建议降旨破例索取。仁宗拒绝了，他说：我那样做，大家仿效，夜夜杀羊，天下还得了吗？

刘娥天资聪明，在与还是太子时的真宗相识后，她读了不少诗书，丰富了知识，也增长了才干。真宗即位后批阅奏折起问，刘娥都能道出本末，朝中所有重大问题的处理，刘娥几乎都要参与。宫中事务归她管辖的，她引经据典，处理得有板有眼，真宗对刘娥越来越倚重，刘娥也渐渐干预起了朝政。天禧四年(1020)，真宗得病，不能主持日常事务，刘娥开始直接掌握了朝政大权。乾兴元年(1022)二月，真宗病逝，太子赵祯即位，尊刘氏为皇太后。由于皇帝年幼，皇太后处理军国大事，刘娥开始垂帘听政。

刘娥听政时期，坚持对内对外都要稳定发展的基本方针。寇准等著名功臣仍然习惯于大宋建国时期的方针，借口刘娥出身寒微，反对刘娥登台，上谏不成，就计划让太子监国，推翻或谋杀刘娥。刘娥很机警，识破和粉碎了这个计谋。她的主张符合当时的历史需要，得到了皇上的支持和信赖。不记得史料说明了寇准等大臣和哪个太子共谋，不管如何，他们的失败，是刘娥的机会。对于此次密谋的人，刘娥是以善治恶，她没有处死他们，而是贬斥了主要首领，量才起用其他的人（例如李迪等参与密谋的大臣），做到君臣释疑，共事宋室。宋太祖防止别人"黄袍加身"的削权政策巩固了新政权，同时埋下了缄口不言和言必伤人的危机。刘娥的人事政策感动了很多人，消除了这个危机。

刘娥管制群臣用于心计。在一次封赏仪式上，刘娥让大臣们把自己的子女亲朋的名单报上，大家以为是要择优提拔，纷纷上报，名单列得长长的，能包括的全包括了。刘娥把名单挂在自己的卧室，名为"百官公卿亲族表"。有人推荐某某当官，刘娥就查看那张表，除非证明有奇才，列入者基本不用。刘娥还搞了"约束子弟诏"，要大臣百官带头教训子女亲朋，奉公守法；违反了子弟诏，刘娥严惩不贷。不少大臣对此耿耿于怀，但刘娥的政策深得人心，取得了天下的信任，没人敢随意篡改旨意搞特殊。刘娥时期，"政出宫闱"，却"号令严明"，当时的各级政府基本做到了有令必行、有行必果。

刘娥时期，宋室萌发过变法念头，起用的大臣大都有变法倾向，可惜，旧臣的嫡系把持了通信渠道，扣押了范仲淹等人的革新奏折，结果，刘娥时期在革新变法方面没有特别作为。后来，他们重用的大臣的嫡系控制了宋室通信渠道，使王安石的变法上通下达，形成了一个局面。

刘娥曾经也动过称帝的念头。一次，她问参事鲁宗道："唐武后如何主？"回答是："唐之罪人也，几危社稷。"刘娥听了，沉默不语。有些庸臣试图向刘娥献媚取宠，例如，方仲弓奏表上疏，请刘娥像武则天那样建立刘氏宗庙。一开始，刘娥飘飘然，却有些犹豫不决，跟老臣商量，才放弃了这个念头。后来，程琳献上武后临朝图，称刘娥为当代武则天。刘娥立刻把图抛在地上，呵斥道："我不能对不起先辈！我不是、也不想做武则天第二！"

辅佐圣主　获得善终

仁宗的亲生母亲李氏去世时，刘娥准备按照宫人（李氏是刘娥的侍从）等级送葬。知情老臣极力谏说，李氏为真母，当用一品厚礼。刘娥大怒，吼道："休想拆散我们母子！"老臣表示，不用一品厚礼，愿以死说明真相。一时间，双方剑拔弩张，宫闱风云几乎酿成宫廷政变。经过反复心理斗争，刘娥终于觉悟，同意以一品厚礼送葬，自己能否继续当皇后，任凭发落。老臣们看见刘娥能以大局为重和战胜自己的权欲，深受感动，对她敬重起来，不但支持她继续当皇后和垂帘听政，而且甘心为她保密。宫里有些人挑衅议论："李氏不过是个宫人，为何享有一品厚礼？如何要我等守法清廉？"那些老臣帮助刘娥说："李氏为皇上立过大功，你等有何功劳？"刘娥终于平安地度过了这场危机，地位愈加巩固了，跟仁宗一直保持着母子无间的亲密关系。

道明二年(1033)二月，刘娥突发重病，卧床不起。刘娥去世前，仁宗一直在左右守候。刘娥死后，仁宗痛不欲生。仁宗刚刚摆脱了悲痛，一些旧臣便把仁宗的身世真相告诉了仁宗，仁宗才知道自己的母亲是侍从李氏、自己是个出身卑贱的人。他痛哭数日，下诏自遣，追认李氏为皇太后，欲罢刘娥皇后之位。然而，当他来祭奠生母李氏时，看到李氏穿着皇太后的冠服，脸色如生时一样，身体以水银浸着，所以身体不腐。仁宗皇帝才宽了心。想到刘娥对自己的培养、对父亲的爱，以及刘娥对大宋帝国所做的贡献的时候，仁宗不但理解和原谅了刘娥，而且从心里把刘娥当作亲生母亲看待，对刘娥的家人像对自己的一样。他同时重新安葬了两个母亲，把"双凤戏龙"化为"双母育子"，史称"明肃(刘娥)庄懿(李氏)之事"。

刘娥去世后，她在位时期的政策得到延续，以至于继承者仁宗被史书称为"圣主"。他能做到这些，也多亏了刘娥时期起用的大臣。比如，仁宗曾经想册立娇艳妩媚的张美人为皇后，废除郭氏，刘娥阻止了他。刘娥去世后，仁宗按照自己的意愿做了，甚至默许张美人派奸医借看病毒死了郭氏，弄得朝廷顿时腐败衍生。这时候，刘娥时期起用的大臣范仲淹出来陈述利害，仁宗认识到了自己的错误，罢了张美人，厚葬郭氏，追认为后。随后，仁宗按照刘娥的做法，重用范仲淹等人，从此再没有犯过大错，政府保持了清廉和号令严明。

也许是因为刘娥很喜欢文学艺术，真宗和仁宗重用的文武大臣及其往来友朋，几乎个个都是文学大匠，他们的诗句至今广为流传：

范仲淹："酒入愁肠，化作相思泪"和"酒未到，先成泪"；晏殊："无可奈何花落去，似曾相识燕归来"和"昨夜西风凋碧树，独上高楼，望尽天涯路"；张升："多少六朝兴亡事，尽入渔樵闲话"；宋祁："红杏枝头春意闹"和"浮生长恨欢娱少，肯爱千金轻一笑"；欧阳修："庭园深深深几许"和"泪眼问花花不语，乱红飞过秋千去"；柳永："衣带渐宽终不悔，为伊消得人憔悴"、"便纵有千种风情，更与何人说"、"惟有长江水，无语东流"等，都是当时的流行名句和文学史上的千古绝唱，至今还被经常引用。

宋仁宗赵祯

没有圣后刘娥，哪有圣主仁宗！刘娥不是完人，也有利欲熏心和听不进忠言的时候，有爱也有嫉妒、有善也有恶，但史籍对她的评语是"恩威皆浩荡"。

辽景宗耶律贤皇后萧绰

萧绰(953－1009)，小名燕燕，契丹族。辽景宗耶律贤皇后。父亲北院枢密使兼北府宰相萧思温，母亲辽太宗耶律德光的女儿燕国公主耶律吕不古。萧绰是一个清正贤良、深明大义的皇后，辽中期女政治家、军事统帅，为辽朝的发展做出了重大贡献。

聪明睿智　执掌国政

　　萧绰，出生于辽穆宗应历三年(953)五月。她的姓氏注定她出生在一个显贵的家庭。萧绰的父亲萧思温，是"断腕太后"述律平的族侄，萧绰的母亲则是辽太宗耶律德光的女儿燕国公主耶律吕不古。萧绰的小名"燕燕"，就是来源于母亲的封号。而当时的北宋王朝则称她为"雅雅克"。萧思温和燕国公主一共有三个女儿，据说，在三姐妹小的时候，萧思温曾经让她们一起打扫房舍。两个姐姐都只是草草应付了事，只有萧绰一丝不苟地完成了父亲交代的事情。萧思温因此对小女儿格外看重："此女必定成家。"说萧绰将能出人头地、振兴萧家。萧绰早慧聪明，美丽动人，耶律贤慕名已久了。17岁时被耶律贤(景宗)选为贵妃，景宗保宁元年(969)五月，册为皇后。

　　辽景宗耶律贤是辽世宗耶律阮的次子。951年九月四日傍晚，耶律阮在率军出征后周途中，于归化(今河北宣化)祥古山遇刺，和两位皇后一起被亲信大臣耶律察割所杀。当时耶律贤只有3岁，幸亏御厨尚食刘解里眼明手快，将他包在毡布中藏进柴草堆，方才逃过一劫。只是虽然保住了性命，却留下了病根，而且久治不愈。即位后，又患上了风疾，身体非常虚弱，连马鞍子都骑不住，更别提处理军国大政。因此，他逐渐开始倚靠皇后萧绰处理政务。

　　保宁二年(970)五月，景宗前往闾山(辽宁阜新)行猎，萧思温也随行。萧思温猝不及防被人行刺，一命归西。父亲的死，使萧绰受到了极大的刺激，如此残酷的权力斗争使她的政治阅历迅速地成熟起来。没有了父亲的帮助，却有丈夫的支持，她开始发挥自己的才干，协助景宗治理国家。当时的辽国，经过了穆宗这个变态皇帝19年的残暴治理之后，国势已日渐衰微。景宗非常想要励精图治，将国家扶上中兴之路，然而他的身体使他力不从心。于是他将希望寄托在了聪慧过人的皇后身上。萧绰开始代替景宗治理国家，推行全面的改革。在景宗的支持下，她得到了尽显才能的机会，也由此得到了群臣由衷的钦佩和忠诚。

保宁四年(972)十二月，19岁的萧绰在治理国家的同时，为辽景宗生下了长子耶律隆绪。景宗后继有人，对萧绰更是宠爱无比。景宗对萧绰几乎可以算是专宠，在他们14年的夫妻生活里，萧绰不但几乎全权掌握了景宗朝的军政大事，而且还一共为景宗生下了4子3女共计7个孩子。随着时间的推移，年轻的皇后萧绰已经被锤炼成一个成熟的政治家，在景宗的默许下，辽国的一切日常政务，都由她独立裁决；如果有什么重要的军国大事，她便召集各族大臣共同商议，最后综合各方意见再做出决定。她所做的决定，景宗最多只是听听通报，表示"知道了"就算数，不会做任何干预。

在萧绰的努力下，辽国对外的军事日渐强盛，对内的政局也步入正轨。辽景宗耶律贤对皇后萧绰的才干也已经非常了解，为了对妻子几年来的辛劳表示回报，他将一个皇帝所能给予的最高嘉许给了自己的皇后。保宁八年(976)二月，辽景宗传谕史馆学士，此后凡记录皇后之言，"亦称'朕'暨'予'"，并"著为定式"。这就是说，景宗将妻子的地位升到与自己等同的程度，并且将此著入法令，使得萧绰实际上成为大辽国的女皇。

乾亨四年(982)九月，35岁的辽景宗在出猎途中，病卒于云州(山西大同)焦山行宫。临终之时他留下遗诏："梁王隆绪嗣位，军国大事听皇后命。"这道遗诏无可争辩地将辽国交到了当时年仅29岁的皇后萧绰手里。辽景宗驾崩，辽圣宗即位，萧绰被尊为皇太后，摄政。当时萧绰才30岁，圣宗才12岁，在大臣耶律斜轸和韩德让的辅佐下，太后和圣宗的地位才得以巩固下来。

政绩卓越 兴国安邦

萧绰年轻时曾许配给汉臣韩德让，但还没有来得及结婚，就被皇帝选为妃子。辽景宗死时，韩德让的忠心和才干得到了进一步的展现，他不但为太后和幼主出了一个辖治宗室的绝妙计策，还"领宿卫事"，直接负责他们的安全。这时的太后萧绰还不到30岁，正是女人成熟丰艳的年纪。治国时下手无情的她对于韩德让这位身份特殊的股肱之臣，却表现出了与众不同的儿女情意。在景宗去世后不久，萧绰就对韩德让吐露了多年的情意："我从前曾与你有过婚约，现在皇上去世，愿与你重谐旧好，再叙前缘。现在我儿子当了皇帝，他也就等于是你的儿子，愿你好生照看！"韩德让想不到当年的那个小女孩经过这许多年，已做上了太后，身边要什么样的男人没有？却仍然对自己旧情缱绻，实在是感动莫名。从此他更对萧绰忠心耿耿，而萧绰对他更是完全地信任，让他总领禁军，负责京师宿卫。此后，韩德让出入宫帐，与萧绰情同夫妻。他们之间愈燃愈旺的旧情，并没有瞒着任何人。他们出则同车，入则共帐，就连接见外国使臣的时候都不避忌。辽圣宗对韩德让也以父事之。韩德让忠心辅佐承天太后与辽圣宗，政绩卓著。

萧绰为缓和契丹人和汉人之间的矛盾，明令取消了"同罪异论"的旧制，在法律上都负相同的责任。除了民族对立，辽国的旧律也使阶层之间日益对立，特权阶级违犯法律、损害百姓利益，往往都能逃过追查，事实上，这一点北宋王朝也无法避免。但萧绰却严格地执行了"王子犯法，与庶民同罪"的说法，保护了百姓的利益。为了检讨从前执法的缺陷，萧绰制定了"上诉"制度，允许自觉冤屈或量刑过重的百姓直接到御史台告状；她派专人巡查各地，清理陈年旧案，洗雪冤屈，如有需要她甚至还亲自决狱。除了"宜宽法律"，萧绰对一些证据确凿的罪犯也给予了相对人性化的处理方法。例如：在旧律中，死刑执行后，犯人的尸体要示众三日。萧绰则下令执行后的次日一早就可以由死因家属收殓。再有：即使是主人，也不可以擅杀奴婢，即使奴婢确实犯下过失，也必须交由公堂，由他人审决。皇族贵戚耶律国留将出逃的奴仆杀死，萧绰知道后便将国留处斩。

萧绰在修订法律时，所做的最令人称道的决定莫过于废除"连坐"之条。统和初，北院宣徽使耶律阿没里向萧绰进谏，认为"连坐"之法过于残忍，害及无辜，希望能够免除这条恶法。萧绰立即采纳，并载入律书。

统和六年(988)，萧绰还在辽国实行科举制度，为平民能够发挥才干、跻身上层社会开了一条道路。除了内政，由于萧绰任人得宜，使辽国的军事实力也有了相当的增强。她对将士奖罚分明，将士用命，军事整饬，一扫从前的颓废之势，士气大振。所有的这一切，都使辽国逐渐吏治清明、社会稳定，辽国国内呈现一片兴旺的景象。无疑，萧绰的所作所为使辽国上下都心服口服。

澶渊之盟 实现和平

986年，宋太宗闻知萧太后临朝以后，认为有机可乘，经过一番准备，于这年二月开始了大规模的北伐。宋军分兵北上，东路以大将曹彬为帅，西路以潘美、杨继业为帅，一齐发兵。西路军战报传来，萧太后临危不乱，沉着应战，她冷静分析，看清了宋军的意图，便从容布置。她命令驻扎幽州(南京)的耶律休哥抵挡东路曹彬，并派兵增援，命令耶律斜轸为山西路兵马都统，率兵抵挡西路潘、杨一部。然后自己身着戎装，披挂上阵，率儿子圣宗亲临前线，指挥作战。萧太后纵观全局，指挥若定，毅然决定以主力对付北宋东路大军。不久，她便率兵在涿州挡住曹彬，与宋军对峙，她摆出进攻的姿态却不出兵，只在夜间派小部分骑兵骚扰曹彬的大营，这样虚虚实实、真真假假，牵制着曹彬。萧太后此时已派耶律休哥深入曹彬背后，截断其粮道和军需供应，形成了前后夹击之势。曹彬被围，水源被断，人马皆渴。不久，萧太后在涿州西南的歧沟关大败曹彬，接着乘胜追击。在易州之东的沙河，惊魂未定的宋军见辽军追来，不顾一切地抢渡逃窜，踩踏溺死者大半，沙河为之不流。

在打败东路军后，萧太后全力对付西路军，她命令耶律斜轸迎战潘、杨大军，使潘美屡吃败仗。潘美为了陷害杨继业，反而迫使他进攻朔州，并假惺惺地表示将在城南陈家谷口接应。杨继业无奈，只得负气出击。谁知，正中萧太后的圈套。当杨继业与耶律斜轸相遇时，辽军刚一交战便佯装败走，杨继业不知萧太后早已令耶律斜轸设下了伏兵，便挥师急进。辽军伏兵四起，耶律斜轸又杀了回马枪，杨继业抵挡不住，只得率众后退。潘美先闻杨继业取胜，便欲出兵争功，继而又听到他败退的消息，便置之不顾，率兵先撤了。杨继业孤军奋战，自中午一直打到傍晚时分，退至陈家谷口，不见援兵，只得率部苦战，无奈寡不敌众，突围不成。杨继业先命部下各寻生路，不必恋战，但部下全不为所动，誓与他同生共死。结果，杨继业所率将士全部壮烈殉难。杨继业坐骑中箭，翻落马下，被辽将萧挞览、耶律奚底等擒获。杨继业戎马一生，身经百战，从北汉至大宋王朝，满门忠烈。他受命镇守边关，威震敌国，攻无不克，战无不胜，人称"杨无敌"。当年雁门关大捷，枪挑大辽国驸马萧多罗，何等威风凛凛！可叹此一战，既遭计中伏，又缺少支援，一代名将成为阶下囚，杨继业凄苦悲凉之心，万念俱焚，绝食三日，壮烈殉国。杨继业的死，对于宋王朝的刺激尤其深刻，萧太后的丰采英姿令宋朝上下刮目相看。幽云大战，萧太后大显神威，全线告捷，使宋王朝从此放弃了收复幽云的打算，也从此一改对辽国的进攻战略。自此之后，幽云之地的烽火暂告平息，萧太后为了大辽国的利益，却从不停止对北宋的进攻。值得一提的是，每次兵马南下，大多都是萧太后亲自披坚执锐，亲临前线。由于她的这种一贯作风，使萧太后成为中国历史上少有的以武功卓绝著称的后妃。

统和二十二年(1004)闰九月，萧绰偕同耶律隆绪、韩德让率兵20万又一次大举南下，一路过关斩将，连败宋军，十一月抵达澶州(今河南濮阳)城下。宋廷大震，宋真宗赵恒立即御驾亲征，赵恒的亲征使澶州军民士气大振。辽兵却因前锋大将萧挞凛被宋军床子弩射死，士气受挫。萧绰与韩德让等权衡再三，决定和谈，于是双方商定：宋辽约为兄弟之国，隆绪称赵恒为兄，赵恒称萧绰为叔母；宋每年给辽银10万两，绢20万匹，称作"岁币"；双方罢兵，各守旧疆。这就是历史上有名的"澶渊之

中国后妃传

盟"。从此，正式形成了辽、宋北南对峙的态势，双方结束了为此多年不息的争战，进入了长达百余年的相对和平时期。这使得萧绰的功业更为辽人所景仰。即使在宋朝，她也成为一个传奇。

统和二十六年(1006)十月，辽圣宗率群臣给萧绰上尊号为"睿德神略应运启化法道洪仁圣武开统承天皇太后"。统合二十七年(1007)十一月，萧绰把权力交给辽圣宗，不再摄政。同年十二月，萧绰因病逝于行宫，享年57岁。

元世祖忽必烈皇后察必

察必(? — 1281)，世祖忽必烈皇后。蒙古弘吉剌部人。父按陈，官封济宁忠武王。1260年被立为皇后。谥号"昭睿顺圣皇后"。在政治上，她以敏锐的目光、灵活的手段辅佐忽必烈称帝，兴邦治国；在生活上，她克以勤俭，以身作则，成为后代皇后尊崇的楷模。

明辨局势　助夫继汗

弘吉剌察必生长于蒙古族正处于东伐西讨、四处征战的时期，性格沉着镇静、外柔内刚。后来成为藩王忽必烈的妃子。

忽必烈是成吉思汗的孙子，睿宗皇帝拖雷的第四个儿子，能征善战，有勇有谋，深得哥哥宪宗皇帝的信任。南宋宝璟元年(1253)，忽必烈奉诏在金莲川(今河北省沽源北)开设了幕府，总管漠南的军政事务。他延请各地名士，求教治国之道，逐渐在自己周围形成了一个汉儒幕僚集团。此时的忽必烈虽身为藩王，却已有一统天下、雄踞八荒的志向。

在汉族地主的影响下，忽必烈的观念开始发生了深刻的变化，逐渐脱离蒙古旧贵族的思想轨迹。他认识到要想在发达的中原地区扎下脚跟，只有采用汉法，才能巩固在汉族地区的统治。忽必烈不仅自己学习汉族文化知识，还用汉文化教育勋戚子弟，力图改变蒙古族落后的政治文化素质。在这样的大环境中，作为忽必烈妃子的弘吉剌察必也逐渐对汉族文化历史及政治制度产生了浓厚的兴趣，并深受影响。

忽必烈的一系列变革得到了中原地区汉族地主阶级的支持，使忽必烈势力得到了快速的发展。对此，

元世祖忽必烈

一些坚持遵循蒙古原有生产方式的旧贵族十分不满，向宪宗蒙哥进谗言，诬陷忽必烈有独霸中原的野心。宪宗对忽必烈产生了猜忌，派遣亲王阿兰答儿、刘大平等人前往追究查办，并在关中设钩考局，广为罗织罪名，大肆迫害忽必烈属下。在这危难之时，弘吉剌察必不顾个人安危，说服忽必烈，毅然带领女儿赴汗廷为人质，以表明忽必烈并无异志。随后忽必烈又亲自去谒见蒙哥，兄弟两个见面后皆痛哭流涕，宪宗皇帝疑忌全消。弘吉剌察必以自己超凡的智慧和勇敢，帮助忽烈避免了一场不测之祸。

南宋开庆元年(1259)，忽必烈随蒙哥南攻宋朝。这时，忽必烈与蒙古旧贵族的矛盾已经到了白热化的地步。为了及时注意漠北势态的发展，忽必烈把察必和17岁的真金留在北方，以便能迅速得知时局的变化。同年七月，蒙哥在合州战死。至此，维系新旧贵族之间的纽带崩裂了；围绕汗位，新旧贵族间的争夺战拉开了帷幕。忽必烈的弟弟、旧贵族的代表阿里不哥，企图迅速继承汗位。而这时率师南征的忽必烈已包围了南宋重镇鄂州。当接到宪宗去世的消息时，幕僚们纷纷劝说忽必烈迅速班师北返，对此，忽必烈表面上平静似水，而实际上他的心中早已焦急万分，不过是在等待着察必送来的可靠情报而已。

此时，留在北方的察必也嗅出了蒙古贵族间浓烈的血腥味，她在得知阿里不哥派其心腹阿兰答儿四处扩兵后，感到战争迫在眉睫。于是，机智的察必一面以忽必烈妃子的身份派人公开指责阿兰答儿居心叵测，以乱其方寸；同时又秘密派遣心腹脱欢和爱莫尔赶往鄂州，向忽必烈报告阿里不哥的图谋，建议火速班师。

忽必烈接到了察必的确切消息后，迅速班师北返。中统元年(1260)三月，忽必烈废除了蒙古贵族选举大汗的旧制，宣布登皇帝位。一个月后，阿里不哥在和林西的安坦河召开忽里台，宣布为大汗。于是，忽必烈和阿里不哥展开了激烈的决战。四年后，这场新旧贵族的斗争以阿里不哥的失败宣告结束。察必在这场夺取汗位的斗争中起了至关重要的作用。基于此，中统初年，察必被立为皇后。

深谋远虑　后世楷模

忽必烈灭宋以后，中国历史上又一次实现了大统一。如何使国家长治久安，避免重蹈宋金两国的覆辙，是忽必烈和察必经常讨论的话题。

元朝建立之后，忽必烈把仿效汉法的方针施行到了全国，对典章制度做了一系列的调整。但受习惯和旧势力的影响，忽必烈时常南辕北辙，反复动摇。此时，作为皇后的弘吉剌察必在匡佐君王统治中原上，表现出了非凡的才能和难能可贵的品质。在处理国家日常事务中，察必皇后深谋远虑，在许多有关国计民生的问题上向忽必烈进谏，并号召大臣们向皇帝直谏，以帮助治理好国家。

有一次，翰林学士王思廉给忽必烈讲读《资治通鉴》，讲到唐太宗怒魏徵直谏、长孙皇后朝服拜贺一事时，忽必烈深有感触，他命宦官领王思廉到后宫，将这个故事讲给察必皇后听。察必听后高兴地说："这个故事对皇上有很大裨益，今后类似这样的典故，你应该多讲给皇上听。"由于察必皇后经常规劝忽必烈纳谏，使忽必烈在许多问题上避免了失误。

蒙古族进入中原地区后，首先面临的是生产方式不同的矛盾。而这一矛盾解决得恰当与否，又直接关系到中原地区的稳定和发展。蒙古族初入中原便大肆掠夺土

元世祖皇后像

地，用于畜牧业，严重地破坏了中原地区的经济生活。忽必烈在掌管漠南汉地时，曾下令保护农业生产，禁止随便圈占农田，取得了极大的效果。但是，在统一全国之后，为加强对中原汉族的镇压和为其进一步扩张准备足够的马匹，仍然在全国范围内圈占了大批农田作为牧地。这一做法极大破坏了汉族地区经济的发展，也引起了人民的抗争。这引起了察必皇后的高度重视和不安。

一次，四怯薛奏请忽必烈，请求圈占京城附近的农田作为牧场，忽必烈未作过多考虑就批准了。察必知道后，急忙赶到殿前，极为严肃地批评官至太保的汉人刘秉忠："你是汉人中明达事理的人，皇帝把你当作朝廷重臣，委以重任。你的话，皇帝一向很重视。四怯薛无知，竟奏请圈占京城附近的农田作为牧地，这是有损国计民生的事，你难道不明白其间的利害吗？为什么不劝谏皇帝呢？假若说我们迁都之初，在京师附近划些牧场放马还无可厚非，现在所有的土地都分完了，大家都安居乐业，如果再从他们手里将土地夺过来，不是制造混乱吗？"

察必虽然是在指责刘秉忠，实则是在变相地劝谏忽必烈。她的这一番话，对忽必烈来说如同当头棒喝，遂下令停止圈占农田，从而避免了由此而引起的动乱和纠葛。

守业历来是封建君王所重视的大问题，忽必烈统一中国后，同样面临着如何长期稳定统治的问题。忽必烈灭宋后，大宴群臣，论功行赏，欢庆胜利。大臣们山呼万岁，个个喜形于色。只有察必皇后默默地坐在忽必烈身边，面露愁容。忽必烈看出她有心事，就问她："现在宋朝已灭，以后再也不会打仗使生灵涂炭了，大家都欢天喜地，你为什么不高兴呢？"察必慌忙跪奏说："自古以来没有一个朝代能维持千年以上的，我在想怎样才能使我们子孙不重蹈宋朝灭亡的覆辙。现在，我们灭亡了宋朝，群臣上下便忘乎所以，这不是好的征兆。应让他们明白创业难、守业更难的道理，方为可贺。"忽必烈见察必皇后想得如此深远，不禁肃然起敬。

此后不久，忽必烈让人把平灭南宋劫取的金银珠宝、字画古玩陈列殿廷之上，让群臣观赏，借以显示自己赫赫的战绩。然而，察必随便看了一眼就悄然离去。忽必烈感到奇怪，让宦官追问察必她想得到什么样的金银珠宝。察必正色回答说："宋人想方设法收集的这些东西，是作为家业留给他们子孙的。可叹其子孙不肖而不能

守，反为我蒙古所得，我觉得这是件非常可悲的事，应引起我们的警惕，哪里还忍心要它们呢？"忽必烈听后不由喟然长叹，颇有感触。

忽必烈为防止赵宋戚贵聚众图谋，便把宋太后全氏劫持到了燕京。全氏生长在江南，不服北方水土，经常生病，察必请求忽必烈让全氏回江南居住。对于察必的这一建议，忽必烈未予同意，只是让察必多照顾她一下。忽必烈这样做是有其深刻含义的，当时蒙古贵族为了巩固已确立的统治地位，就必须拉拢借助于汉族地主阶级，对宋太后的优礼照顾必然有助于蒙汉统治阶级的联合。因而，宋太后全氏在燕京期间一直得到了察必的精心照顾。

察必皇后在生活上也非常俭朴和善于变革。有一次，她想做件衣服却缺少布料，就从太府监领了一块绸缎。忽必烈知道后，责备她说："这是国家的东西，军国所需，不是我们自家的私物，怎么可以随便支取呢？"察必深愧自己做错了事，从此再没有从国库里拿过任何东西。由于她以身作则，别的皇亲国戚也都循规蹈矩，不敢多占国家的便宜。为了解决衣料问题，她带领嫔妃宫女亲执女工，收集旧的和作废的弓弦，加工之后绞丝织布，做出来的衣服既好看又结实，并不亚于绫罗绸缎。宣徽院(供应皇室饮食的机构)里宰了羊，羊前腿皮闲置无用，扔在那里。察必皇后知道后，率领宫女们收集起来，缝制成图案别致的地毯，美观大方，经济实用，受到忽必烈和大臣们的交口称誉。

察必皇后还对蒙古的服饰加以改革。最初蒙古人的帽子没有前檐。一次，忽必烈猎射归来后，对察必抱怨说："今日打猎时，因阳光耀眼，竟让一只大雁从眼皮底下飞跑了。"察必听后，灵机一动，给帽子缝上了一个前檐。忽必烈戴后甚觉方便，高兴地下令所有蒙古人的帽子都按这个式样制作。其后，心灵手巧的察必又对蒙古族的骑服做了改进，制作了一种叫比甲的骑服，这种服装没有袖子和领子，前及腹部，后及膝弯，特别适用于骑马射箭，为当时人所喜爱仿效。

至元十八年(1281)，察必皇后得了重病。忽必烈延请了天下名医，也未能治好察必的病。弥留之际，忽必烈握着察必皇后的手，问她还有什么话说。察必这时奄奄一息，心中仍牵挂着儿子真金。太子真金这时已长大成人，但身体羸弱多病，是察必最为钟爱的。她希望真金能继承父业，将来治理好国家。因此她反复叮嘱忽必烈，要他照顾好太子，忽必烈含泪答应，察必皇后才放心而去。察必死后，忽必烈大恸，一夜之间老了很多，好像变了一个人。满朝文武和黎民百姓也为失去她而伤心不已。

明太祖朱元璋皇后马氏

马氏(1331－1382)，名秀英，宿州人氏，明太祖朱元璋皇后。父马公，母郑氏。马氏贤惠善良，勤政爱民，为明朝的建立、巩固和发展做出了重要贡献。她为国为民操劳致死，朱元璋发誓不再立后。

聪慧贤良　助夫称帝

马氏出身寒微、身世凄凉，她的母亲郑氏生下她这个独生女儿后不久就病逝了；父亲生性豪爽，仗义疏财，结交了许多生死兄弟，为替一位朋友讨回公道而出手杀死了一个当地的豪绅，自己为了避仇只好逃亡异乡。马公逃离故乡时害怕女儿被官府捉去，没有将她留给亲戚，而是一直将她带在身边。马氏出生时正值战火连天，无暇顾及缠足之事，便长了一双罕见的大脚。躲避追捕的马公在定远与郭子兴成了好朋友，马公遂将女儿交托给郭子兴夫妇照料。由于背负命案，马公不得不亡命天涯。

明太祖朱元璋

数年后，马姑娘渐渐长大，出落得一副好模样，面貌端庄，聪慧过人，无论学什么，稍一指点，便能精通无遗。她神情秀逸，一举一动都透露出大家风范，郭子兴夫妇对她十分钟爱。一个相面先生曾对郭子兴说："此女天相，不可等闲视之！"郭子兴将信将疑，而在为马姑娘挑选女婿时不由得十分谨慎。寻寻觅觅，始终没找到中意的人选。正在这时，因朝廷黑暗，各地义军蜂起，天下大乱，素有大志又颇具一定声望的郭子兴，也于元顺帝至正十二年初春，在濠州聚众起义，反对元朝廷。郭子兴起兵不久，年方25岁的朱元璋投奔到他的旗下，任"十夫长"。朱元璋作战十分勇猛，而且颇有智略，数次出战，都立下了大功，深受郭子兴的赏识。于是，他便把聪慧的马姑娘嫁给朱元璋为妻。从此，在军中刚刚崭露头角的朱元璋与元帅郭子兴以翁婿相称，羡煞了不少英雄豪杰。

朱元璋深得郭子兴的信任，军营里无论出了什么事儿，郭子兴都喜欢找朱元璋商议。也正是由于这个原因，朱元璋受到许多人的嫉妒。最嫉妒他的要算郭子兴的两个公子郭天叙和郭天爵了。这两个人本来就没有多大本事，但却依仗自己的父亲是个大元帅而横行霸道，他们很害怕父亲将来把兵权交给朱元璋，就想法设法地对朱元璋加以陷害。郭子兴和他父亲郭公一样贪财，如果他的部将把得到的战利品送给他，他就会非常高兴。而相反，如果他得知哪位将军把得来的战利品据为己有，不孝敬他一点，他就会心怀不满，弄不好将官们还会遭到杀身之祸。朱元璋军纪非常严明，不许手下的官员抢劫财物，他自己当然也没有什么可以用来孝敬郭大元帅的了。天叙和天爵兄弟俩就在这方面大做文章，经常在父亲的面前说朱元璋的坏话，说朱元璋得了如何如何多的珠宝，却不献给父帅。时间一长，郭子兴也就信以为真了，对朱元璋也就渐渐冷淡起来。

一天，狠毒的兄弟俩竟想除掉朱元璋。他们把朱元璋骗进帅府后面堆柴草的一间小屋里，把门窗都锁了起来，想活活地饿死他。朱元璋饿了，想吃东西却没人给他送来，想出又出不去，就这样在小屋里整整饿了三天，滴水未进。一直到了第四天的早上，一个做饭的老军到后院取柴，这才发现了被锁在屋里的朱元璋。朱元璋向老军诉说了缘由，并请他去给马氏送信儿。马氏得知了这个消息，急忙来到后院看望丈夫，问他犯了什么罪，竟遭到这样的惩罚。朱元璋虽然明白是那两个公子搞的鬼，但又不知道这是不是郭大元帅的意思，所以夫妻二人仍然不敢声张出去。就这样马氏每天偷偷地给丈夫送饭。这一天，马氏又拿着刚刚烙好的大饼去给丈夫送饭，还未走到后院，突然发现张夫人带着一群丫鬟在前面游玩，马氏慌得急忙把热乎乎的大饼塞进了怀里。张夫人看到马氏神色慌张，怀疑又出了什么事儿，就上前来询问。马氏垂头不语，只是默默地流泪。这时，张夫人发现马氏怀里冒出一股股热气，急忙上前解开她的衣服。张夫人发现了大饼，惊得目瞪口呆。马氏见事情暴露，只好对张夫人诉说了真情。张夫人不相信丈夫会干出这种事情来，就立刻到前院找丈夫对质。郭子兴听了也大为惊讶，他怒气冲冲找来两位公子，当着众人的面大加训斥，又每人重重地责打20大板，算是给朱元璋出了一口怨气。但从这以后，马氏的胸前留下了一块巴掌大小的伤疤，这就是被烙饼烫伤留下的，这伤疤也成了他们夫妻之间恩爱的见证。

马氏是个聪明人，他从义父、义母的交谈中，听出了是义父怀疑朱元璋把得来的财物占为己有，马氏很了解丈夫，她知道自己的丈夫从来不抢百姓的财物，从战场得来的战利品都分给手下的将士，自己从来不私藏什么珠宝。但她也知道现在过的是寄人篱下的生活，应该委曲求全，于是她便瞒着丈夫，经常把自己的金银首饰送给郭大元帅和张夫人，假说是朱元璋让她孝敬大帅夫妻的。这样，朱元璋才得以平安无事。元顺帝至正十五年，郭子兴病死，朱元璋成了义军元帅，继续抗元的大业。朱元璋率军南征北战，扫平了其他起义军，攻下了元都，统一了中国。朱元璋即皇帝位，是为明太祖。同时马氏被册立为皇后。

家之贤妻　国之良相

　　攻下元都北京后，朱元璋的部下搜罗来元宫中大批的珍宝玩物，运到应天府，进献给明太祖。明太祖想自己从一个不名一文的穷小子开始，十多年时间就成了富拥天下的皇帝，眼下又拥有如此众多的宝物，自是喜不胜收，忙叫来马皇后一同玩赏。谁知马皇后见了，却不屑一顾地说："元朝就是因为有了这些而不能保住国家，陛下不是自有宝物，要这些做什么呢？"明太祖闻言一怔，喃喃道："朕知皇后说的是以贤士为宝物啊！"

　　马皇后见皇夫醒悟，忙拜贺道："陛下有此宝物可得天下，臣妾恭贺陛下！妾与陛下起于贫贱，今贵为帝后，最怕生出骄纵奢侈，危亡起于细微，愿陛下以贤士为宝物！"此后，性情自负而多疑的明太祖，之所以在打下江山后还能任用贤臣，不能不说与马皇后的劝导有关。

　　马皇后不但劝皇夫以贤德治国，自己也以贤德勤治后宫，用自己的一言一行，倡导后宫嫔妃节俭仁慈的风尚。马皇后喜读古代史书，也常用古训来教导别人，她认为宋代多贤后，因此命女史官摘录她们的言行家法，用来传示后宫众嫔妃，有人感慨道："宋代的皇后也太过于仁厚了！"马皇后正色道："过于仁厚，不比刻薄好么？"众人无话可说。

　　明太祖的衣履饮食，马皇后都亲自料理省视，而她自己则布衣淡食，极其俭朴，衣服穿破了也舍不得丢弃，常要补好再穿，虽然位居极贵，但她决不忘记贫贱时和战争年代养成的好习惯。对妃嫔宫人的子女，她却一点也不小气，都派给了丰厚的生活待遇；对宫中下人她也关心备至，常送些衣物食品，以示体恤；每逢文武官员夫人入朝，她都忘不了送些礼品，并与她们寒暄交谈，就像对待家人一样。这样一来，宫廷内外的人对马皇后都十分尊敬。明太祖也盛赞她道："贤后可与当年唐太宗的长孙皇后相比，毫不逊色！"马皇后回答说："妾闻夫妇相保易，君臣相保难，陛下不忘同贫贱的妾身，愿也勿忘同艰难的群臣。妾只求无愧于心，哪里敢与贤德的长孙皇后相比呀！"她不但自己谦和崇贤，而且时时不忘提醒大功告成的皇夫，真不愧为一个精心佐夫治国的好皇后。

　　马皇后深知忠臣贤士对朝廷的重要性，因而十分注意以一个女性的细心来关心他们。每日早朝议事，若事情较多就常常要延续至晌午，这时奏事官吏按惯例就在殿廷上用午餐。一天，马皇后命宦官取来奏事官吏午餐的菜肴品尝，她觉得味道欠佳，随即向明太祖建议："人主奉宜薄，而养贤宜厚，否则怎能笼络贤德之士！"明太祖深以为然，就下令管理膳食的光禄寺卿改善官员们工作午餐的品质。虽是一桩小

马皇后

事，却使官员们十分感激马皇后对他们的重视和关心，当然也就更加尽力于朝廷。

一次，明太祖巡视太学回宫后，马皇后关切地问："太学有多少生徒？"太祖说有数千。马皇后又问道："人才可谓众多，可他们有朝廷供给食用，而他们的妻子儿女谁来供养呢？"太学生是朝廷培养的一批有才之士，他们在太学中学习期间，一应生活度均由朝廷供给，但没有另外的俸银，他们的家人由谁供养，这问题过去倒是没有哪个朝廷顾及过。经由马皇后一提起，也引起了明太祖的重视，于是诏令特设"红板仓"，贮积粮食，赐给太学生家属，太学生从此无后顾之忧，一心治学，成为日后的栋梁之材。

马皇后不但有贤德，而且有才能，她广读经史，学问渊博，太祖所有的札记，都由她亲自执笔记下。每当太祖有所感慨和言论，她都仔细地记录下来，无论事态如何复杂，均能安排得条理分明，毫无疏漏之处。

明太祖为了报答马皇后的美德与佐治之功，数次提议赐予皇后族人以高官厚禄，马皇后总是坚决谢绝，她说："外戚干政，易乱朝纲，官职恩赐外家，实非遵法！"因此，明代外戚虽然也享受高爵厚赐，但一般不授以高职，严禁干预政事，这规矩就是马皇后定下来的。

鉴于汉、唐两代的祸乱，多由宦官参政而引起，善于以史为镜的马皇后特别在这方面给明太祖出了主意。因此，明朝廷严格规定，内臣不得兼任外臣文武官职，不得着外臣冠服，不得与外廷诸司有文书往来，并在宫门前竖下铁牌，上写着："内臣不得干预政事，犯者斩！"如此一来，杜绝了宦官乱政之弊。

勤政爱民　操劳致死

明太祖朱元璋起于贫贱，生世坎坷，因而，表面上虽然睿智英明，豁达神武，但骨子里却藏着猜忌和苛刻。幸而身旁有一个仁慈宽厚的马皇后，常常遇事劝谏，减少了不少刑戮，挽救了无数的无辜受疑者，赦免太学士宋濂就是一个典型。

宋濂是元末明初的著明文人学士，明代开国时的许多典章制度、礼乐刑政之典都是出自他的手笔，被明太祖尊称为"开国文臣之首"。他曾经辅佐明太祖19年，做过太子朱标的教师，给朱元璋出了不少主意，也算是一个有功之臣了。朱元璋真是杀人红了眼，这一天又借口宋濂谋反，要处死宋濂。朱标一听非常难过，就亲自到父亲面前给宋濂求情。朱元璋很不高兴，脸色一沉说："等你将来当皇帝再赦免他吧！"朱标见求情不准，又觉得愧对自己的老师，竟去投水自杀。幸亏被一个老太监及时发现，这才保住了一条性命。晚饭的时候，朱元璋和马皇后同桌进餐。马皇后脸色抑郁，满脸愁容，朱元璋关心地问她是否身体欠安。马皇后轻轻摇了摇头，叹了口气说："老百姓家请个教师，还要让儿子一辈子尊敬他，更何况我们帝王之家呀？而你却无缘无故地要杀宋濂！我们没有按照教师的礼节来对待他，我感到心里非常难过，因此，这饭也吃不下去。"马皇后说着说着，两只眼里滚下一串串伤心的泪珠儿。朱元璋也放下了筷子，沉思了半天，觉得自己这样做确实对不住那些为自己效力的忠臣们。第二天便赦免了宋濂的死罪。

马皇后

据说浦江有一个郑谦，家族和睦，十代同堂，当地人都称他家是"义门"，郡守也表彰他们家族的和睦融洽，赐予一块"天下第一家"的匾额。明太祖听说此事后，颇感兴趣，特意把郑谦召到京城相见，问他家中人口共有多少，郑谦回答说："一千有余。"明太祖赞叹说："一千多人同居共食，同心合力，世所罕有，确实是天下第一家啊！"于是赐给了他丰厚的礼品让他回去。

马皇后在屏后听了他们的对话，心有不安，连忙传话给明太祖："陛下当初一人举事，尚得天下；郑谦家千余人，倘若举事，不是太容易了吗！"明太祖不免为之一惊，急命中官再召郑谦，问他道："你治理家族，也有什么方法可循么？"郑谦回答说："没有别的，只是不听妻子的话罢了。"明太祖听了释然一笑，不再追究，安心地放他回家了。这一次，明太祖虽然没有完全接受马皇后的意见，却又恰恰表现出他对马皇后的重视，他认为自己之所以成功，离不开妻子的辅佐，既然郑谦从不听从妻子的话，便认定他成不了大气候。

马皇后虽说人在深宫，但却也是整日操劳，日夜为国家大事劳神费心。几年之后，马皇后病倒了，朱元璋和大臣们都心急如焚，四处访名医，求仙药，盼望皇后的玉体能早日康复。但马皇后深知丈夫的缺点，她知道，如果给自己看病的医生不能把自己的病治好，朱元璋一定会重重地惩罚他们，所以，他从来不让任何医生给自己看病，也不吃任何药，无论朱元璋怎样劝说，马皇后就是不听。她宁愿自己病死，也不让一个好人受到冤枉。马皇后不求医，不吃药，病情很快就恶化了。洪武十五年(1382)，这位贤惠善良的皇后离开了人间，死时才51岁。

明太祖失去了同甘共苦的结发妻子，也失去了他得力的助手，悲痛之情，无以言表。为了永远追念可敬可爱的马皇后，明太祖竟然决定不再立后。

明成祖朱棣皇后徐氏

徐氏(1362－1407)，成祖朱棣皇后。濠州(今安徽凤阳)人。父亲为开国元勋中山王徐达，母亲谢氏。1402年被立为皇后。谥号"仁孝文皇后"。她德才兼备，贞静聪明，不但帮助成祖治理朝政，定国安邦；还为朱棣安抚宫廷，使君臣齐心。明成祖时期的"永乐盛世"也有这位徐皇后的一份功劳。

将门才女　聘为王妃

仁孝文皇后

　　徐氏是明朝开国元勋徐达的长女。朱元璋称帝后，徐达因战功卓著，被任命为右丞相，后又封为魏国公。她的母亲谢氏也是一位知书达理、温柔贤惠之人。徐氏自幼非常聪明伶俐，记忆力很好，能够过目不忘。为培养女儿，徐达夫妇不仅常给她讲治国之道，还专门聘请了一位教师。

　　随着年龄的增长，徐氏读的书越来越多，经史艺文类的书籍都有涉猎。徐氏学到了许多文化知识，逐渐学会写诗作文章，也学到了不少做人的道理和方法。她常常为书中所叙英雄俊杰的事迹所感动，曾说："书上所说的古人的嘉言善行，都是要让后人仿照实行的。"徐氏还经常浏览徐达摆放在桌子上的一些兵书战册，故而颇懂一些排兵布阵的作战之法，这为后来她能镇定自若地指挥兵马守卫北平城奠定了基础。后来，京城里几乎人人都知道徐达家里有个才女，众人还送给徐氏一个"女诸生"的称号。

　　洪武八年(1375)冬天，朱元璋也闻听了一些有关"女诸生"的事迹，他突生想法，打算将徐氏配给四子朱棣。于是传命徐达入见。朱元璋对徐达说："朕与卿同起布衣，患难与共，二十余年，始终无间。自古以来，君臣契合，往往结为婚姻。朕四子气质不凡，卿令嫒聪明贤淑，二人年龄也相当，望卿能将令嫒许给四子。佳儿佳妇结拜成亲，我们作父辈的心里也会得到安慰。"徐达听后，自然笑逐颜开，赶紧撩衣下拜，感谢皇恩。亲事就这么定了下来。

　　洪武九年正月二十七日，皇帝正式下诏册封徐氏为燕王妃。这一年朱棣17岁，徐氏15岁。婚后夫妻恩爱，徐氏对燕王朱棣关怀备至，朱棣对徐氏也体贴入微。另外，因为徐氏对于父皇及母后亦十分敬重，谨慎侍奉，马皇后也十分宠爱她。马皇后曾经称赞徐氏说："这可真是我的好媳妇。"在以后四年时间里，徐氏直接聆听马皇后的教诲。马皇后的言传身教，也深深影响了徐氏。

　　洪武十三年(1380)三月，燕王朱棣根据父皇朱元璋的安排要到他的封地北平(今北京)就藩，徐妃也一道同行。到了北平后，徐氏把从马皇后那学到的东西用到了燕王府中，将燕王府一整套机构安排得井井有条，将燕王的后顾之忧全部解除，成为燕王的贤内助。

守城抗敌　指挥若定

洪武三十一年(1398)朱元璋与世长辞，皇太孙朱允炆按皇帝遗诏继位。朱允炆忠厚仁慈，优柔寡断，性格与他的父亲朱标极为相似。而当时被封的25个藩王，都是他的叔叔。这些藩王都拥兵自重，独霸一方，对皇位窥伺已久。其中又以燕王朱棣为最。

经过长久经营，朱棣的势力已十分强盛。在群雄虎视皇位之际，他希望进一步加强自己的势力，便和徐氏商量。徐氏认为，占据大宁(今内蒙古宁城西)的宁王朱权，拥有骁勇善战的突厥族骑兵，按燕王现有军力，完全可以先攻大宁收编宁王军队，然后合力迎击朝廷派来的李景隆军。朱棣决定留下徐氏及世子朱高炽守北平，自己率主力奔袭大宁。临行之前，朱棣再三叮嘱他们母子说："李景隆来，只能坚守，千万不能出城迎击。"还特意下令撤去卢沟桥的守兵，给敌人以毫无防备的错觉，诱使其长驱北进。

李景隆带领50万大军来到北平，发现卢沟桥上没有守兵，遂分兵三路：一路东去攻打通州，以防止通州守军与北平相呼应；一路主力在北平与通州之间的郑村坝，准备阻击朱棣的回援之师；一路攻打北平北门。北平之战打响，战斗异常激烈。南军仗着人多势重，轮番攻击，日夜不停。就在这紧要关头，平素端庄文静的徐妃挺身而出，镇定自若，一面鼓励将士英勇杀敌，誓死守城；一面将城中那些健壮的妇女集中起来，配发铠甲、长矛上城杀敌。她自己也亲自登上城墙督战。在王妃的影响下，守兵士气大振，登城妇女有枪的用枪，没枪的用瓦、石拼命打杀敌军。为使李军不易破城，徐氏让妇女们汲水泼向城墙，当时北平地区气温很低，水泼到墙上就结了冰。一时间，李景隆军再无良策。在徐氏的带领下，燕军终于守住了北平这座孤城，为燕王回师消灭李景隆的军队赢得了宝贵的时间。

十月十六日，北平的战况传到在大宁的朱棣耳中，朱棣大喜，对徐氏大加称赞一番。燕王夺取了大宁，收编了宁王朱权的8万军队，火速回师增援，对南军实行南北夹击。李景隆闻风丧胆，生怕祸出不测，率先遁逃，连夜奔赴德州。第二年的四月初一，朱棣又率军南进。建文四年(1402)六月十三日，朱棣攻陷南京城，取得了"靖难之役"的最后胜利。

册封皇后　忧国恤民

建文四年(1402)六月十七日，朱棣登上了皇帝宝座，改元永乐。十一月，册封徐妃为皇后。新帝初登基，百废待兴。这时的徐氏比当王妃时更加忙碌，她不仅要照顾关心成祖的饮食起居，还要帮助他处理朝政大事。她非常体察民情，关心老百姓疾苦。她常劝朱棣要与民休息。她诚挚地对皇帝说："当今的百姓已经深受南北战乱之苦，民生凋敝。现在你当了皇帝，应该要体恤百姓，使老百姓能够得以休养生息。"另外，朱棣即位后当然要清除旧朝廷中反对自己的人，首先把矛头指向齐泰、黄子澄两人。看到朱棣乱杀老臣，徐后直言不讳地说："当朝贤才，都是高皇帝所遗留下的，望陛下在选拔任用时，千万不要有新旧之分，只有对他们一视同仁，他们才能忠心辅佐你。"朱棣对徐后的话深为赞同，不久就发布诏谕，安定人心："帝王图治，必审于用人。或取诸亡国，或举于仇怨，唯其贤而已。"徐后知道后也非常高兴，对丈夫道："任用贤才是治国理民的根本。在自己的费用上可以节约，但培养人才就不要怜惜钱财。夫妻之间相保容易，君臣之间和睦就要难得多了。陛下能知人善任，我就放心了。"

一个地方的治乱，与这里的地方长官有很大关系。这天，成祖上朝破格选用了一批知府。退朝回宫，兴致勃勃地对徐后说："在选任地方长官上，吏部往往采用论资排辈的方式。朕今日亲自破格选拔20余人为郡守。"徐后听了，非常赞同成祖的做法，并称赞说："国家之治乱与百姓能否安居乐业，关键在于地方长官是贤还是不肖。凭资格选官，就会压抑那些真正有才能的人。古往今来，贤德之君对于那些才能出众的人都不论资使用，而是破格提拔。对于那些才能一般、历事多年的人，则应视其资格，依次叙升。二者并行，相互补充，就不会埋没人才。一旦官得其人，即可收到显著的成效。"在徐后的辅佐下，朱棣在很多方面进行了改革，故而永乐时期，政治宽猛适中，百姓也安居乐业。

朱棣即位后，不得不夜以继日地为繁忙的政事操劳。徐后看到丈夫操劳国务很是辛苦，便想尽一切办法为他分忧。一次，明成祖临朝回到宫里，徐后关心地问他："陛下经常和谁一起商讨治国大事呢？"成祖答道："六卿处理政务，翰林草拟文告，他们作为顾问朝夕都在我身边。"徐后于是请求召见一下六卿的妻子，成祖答应了她的请求。

徐后和六卿的妻子一一相见，亲切地说："作为妻子，不光要为他们准备好衣服食物，重要的是使他无后顾之忧，事事都为他们多分担一点。朋友之间有些话可以不听，可是妻子的话，丈夫就比较容易接受。我朝夕侍奉皇上，我们之间就经常谈论如何使百姓安居乐业，皇帝也采纳了我的很多建议。"接着她诚恳地说："你们的丈夫都是国家的栋梁之臣，成祖对他们都很信任，希望你们要积极地支持他们，让他们一心一意，精忠报国。我希望你们能够做到这些就行了。"最后徐后赐给她们很多礼物。这些大臣的妻子看到徐后对她们这么好，都非常感动，事后都千方百计地解除丈夫的后顾之忧。

教子有方　约束外戚

　　徐后不仅贤惠，而且教子有方。在对待子女的教育上，她因人施教，为后来明室江山的稳定发挥了重要的作用。长子高炽从小体弱多病，性格柔弱，沉静好文，为人仁厚、豁达。徐后对长子的性格十分了解，为了让他将来担当起治理国家的重任，徐后从小就培养他遇事果断、大智大勇的能力，并且经常教育他要体恤百姓，待人宽厚。成祖本性刚毅，不拘礼法，他对柔弱的长子朱高炽并不十分喜爱，而偏爱凶悍善战的次子朱高煦。成祖多次在高炽与高煦之间权衡，拿不定主意。徐皇后认识到高煦即位，必是暴君，因而主张立高炽为太子。

明成祖朱棣

　　洪武二十八年(1395)，高炽被册为燕世子。徐皇后为了帮助儿子成就大业，她决定为儿子寻找一位贤德的王妃。她不顾门第观念，竟选中了出身农民家庭的张氏。张氏聪颖贤惠，待人和蔼，举止端庄大方，处事细致。张氏入宫后，徐皇后教导她怎样正确处理宫中诸人的关系，怎样支持丈夫成就大业。张氏在徐皇后的言传身教下，很快便能从容应付宫中诸事。永乐二年(1404)，朱高炽被正式立为皇太子，就是日后的仁宗。

　　徐皇后对另外两个儿子也十分关心。因为他们性格比较暴躁，恃功骄横，徐皇后就经常教育他们要顾全大局，兄弟之间要互相关心，团结友善，不可任意胡为。虽然高煦、高燧早有夺位之心，但在母后在世之时，始终不敢胡作非为。

　　徐后深知外戚弄权的危害，不仅使朝政混乱，还会导致外戚身败名裂、抄家灭族。徐氏说服引导亲眷自尊自爱，遵守朝廷法度。每当听说她的亲眷中有谁不守法度、扰害百姓时，立即传命召见，进行教训，促使改正。如听到亲眷中有谁奉法循礼有突出表现者，她也召其入宫，大加赏赐作为奖励。

　　徐皇后建议明成祖朱棣广纳贤才，可她始终牢记太祖马皇后"亲属未必有可用之才，且骄淫、不守法度，前代外戚覆败，皆由于此"的训示，严格约束外戚做官。徐增寿是徐后最喜爱的弟弟，官至右军都督，朱棣出塞征战，他也随从前往，两人关系十分要好。在朱棣起兵发动"靖难之役"前，徐增寿曾劝说建文帝不要杀燕王的三个儿子，并经常给燕王通风报信，后为建文帝所杀。朱棣做了皇帝后，决定追赠朱增寿为阳武侯，谥号"忠愍"，并追加功爵。他把这个想法告知了徐后，满以为她会高兴，谁知徐氏不同意赠爵："我和增寿是一母同胞，情同骨肉，给他封官晋爵，我当然高兴。但就是因为他是我弟弟，我才不同意给他任何称号。"成祖自有他的主意，最后还是决定加封徐增寿定国公，由增寿的儿子景昌世袭。事后告知徐皇后时，徐氏只是淡淡地说："这并不是我的意志，我只是希望陛下能将景昌培养成人，让他长大后成为国家有用之才。"徐皇后在世之时，没有为一位亲戚争官夺利。

编书助学　呕心沥血

徐皇后对从事女子教育事业也十分积极，极力主张女子入学读书。明朝教育制度、机构已经比较完备了，然而却没有明确规定如何对女子进行教育。而女子可读的书也很少，像《女诫》、《女宪》、《女则》等，大部分都是用封建礼教约束妇女或内容空洞无物。为此，徐皇后决定编一部适于女子读的书，让广大妇女也受到良好的教育。于是她广泛浏览有关女子教育的现有资料，并结合孝庄马皇后的一些言论，著成《内训》20篇，书中把德作为首篇，次及修身、谨言、慎行等方面。把自己对子孙教育的经验也写在了书里。另外，徐氏还派人广泛搜集古人的佳言懿行，集成一个集子，命名为《劝善录》。明成祖对这本书十分满意，并下诏在全国颁行此书。

永乐五年(1407)夏季，天气异常炎热，但徐后仍在伏案审订她的著述《内训》和《劝善录》。国事、家事、著述交织在一起，导致长期过度的劳累，徐后突然发病。御医多方调治，也丝毫不见好转，病情反而一天重似一天，以致卧床不起。她预感到将不久于人世，对前来探望的成祖进行了一番勤政爱民的叮嘱，又对儿子朱高炽作了最后的叮咛。七月四日，46岁的徐后去世，葬在北京天寿山之长陵(十三陵之一)。

徐皇后终前，曾嘱咐皇帝要简办丧事。朱棣对于徐皇后的死十分伤心，为她在灵谷寺、天禧寺举行了隆重的大斋仪式。群臣对徐皇后都十分敬仰，听到她去世的消息，所有大臣都来祭奠她。朱棣追赠徐氏谥号为"仁孝文皇后"。仁宗朱高炽即位后，追尊徐氏为"仁孝慈懿诚明庄献配天齐圣文皇后"，后人简称她为仁孝皇后。徐皇后死后，成祖朱棣对她依旧十分怀念，也再没有册立皇后。

明仁宗朱高炽皇后张氏

张氏(？－1442)，仁宗朱高炽皇后。永城(今河南永城)人。父张麒，官至兵马副指挥；母仝氏。1424年被立为皇后。谥号"诚孝皇后"。她历经了明初六朝，由一个民间女子到世子妃、太子妃，最终成为皇后。她在后位共十八载，历经仁宗、宣宗、英宗初年三朝，此时正是"仁宣之治"的太平盛世。先后辅佐宣宗、英宗两帝，人称"女中尧舜"。

母贤儿圣　承嗣有望

张氏自幼聪颖贤惠，待人和蔼，举止端庄，性格开朗，而且做事不分大小都十分仔细认真。洪武二十年(1387)，在朝廷为诸王世子选妃中，她被册封为燕王世子朱高炽妃。永乐二年(1404)，世子朱高炽晋为皇太子，她由世子妃晋为太子妃。

张氏行为端庄、谨守妇道，明成祖及徐皇后都十分喜爱她。一天，成祖与徐皇后来到便殿，张妃恭谨地呈上御膳请父皇、母后享用。成祖看见儿媳一言一行大喜过望，连连点头，称赞说："新妇有贤德，以后我皇室家事多得依赖她了。"

明仁宗朱高炽

张氏对修身养性十分注重，把《女诫》等宣扬妇女贤德之类的书，当成座右铭。洪武三十二年(1399)，张妃生下了朱瞻基。据说，朱瞻基出生前夕，皇祖父成祖夜间梦见太祖朱元璋，太祖亲授大圭一个，上面镌刻着"传之子孙，永世其昌"八个字。成祖醒来，听说张妃为他生了嫡长孙，联想夜间所梦，认为是个吉祥的征兆，等他见到孙子时，更是欣喜异常，视如珍宝。

在皇位继承人的问题上，成祖倾向立皇二子朱高煦，但又怕大臣反对。事先他秘密召见阁臣解缙，问他有何高见，解缙说："皇长子朱高炽仁孝，一定会使天下归心的。"成祖听后不以为然。解缙灵机一动似自语道："好一个圣贤的孙子啊！"成祖知道"圣孙"指的是受他宠爱的朱瞻基，慈爱之心不禁为之所动，马上决定立朱高炽为皇太子，封朱高煦为汉王、朱高燧为赵王。

永乐三年(1405)之后，成祖多次巡幸北京，五次亲征漠北，几次命皇太子朱高炽监国，裁决政务。监国期间，皇太子注意爱护臣下，关心黎民百姓的疾苦，树立了一个仁厚君主形象。尽管期间经历了很多艰难困苦，但是朝廷大事从没有被耽搁。特别是当高煦、高燧与其同党伺隙谗构、觊觎皇位时，有人问皇太子是否知道有谗人相间，朱高炽只是说不知道，我只知道尽儿子的责任罢了。可是，高煦图谋不轨，勾结宦官、酷吏谗陷太子，加深了成祖对太子的猜疑。这天，他命诸子比试骑马、射箭，朱高炽考虑到自己身体肥胖，便请求父皇不去参加比试。不料朱棣大怒，遂命有司削减太子膳食的供应，进而打算更易太子。

张妃对这一切看得都十分清楚。她不仅时时从精神上去安慰太子，而且想方设法从中斡旋，保住朱高炽皇太子之位。朱高炽的努力及诚敬，加上其妃张氏和长子朱瞻基的原因，朱高炽的地位才得以保全。

三"杨"开泰　重用贤臣

永乐二十二年(1424)七月，成祖驾崩。朱高炽继位，是为仁宗。册封张妃为皇后，主事中宫；立长子瞻基为皇太子，位居东宫。

朱高炽在长期监国的过程中积累了大量的治国经验，能够较深切地体会朝政的得失。即位后他信用内阁，审时度势，转变国策，大有开创"太平盛世"之雄心伟志。张氏作为皇后，也对政事有一定的了解，但有仁宗主掌朝政大事，张皇后多以处理好宫内之事为己任。

但是，仅登基10个月，仁宗朱高炽忽然得了一场大病，不久便溘然离世，终年48岁。皇储朱瞻基依次嗣位，是为宣宗。尊母后张氏为皇太后。一年之间，成祖、仁宗先后去世，宣宗毕竟年轻，皇叔们时刻不忘争夺帝位，亲骨肉眼看又要兵刃相见，严峻的事实使太后张氏为皇儿担心起来。她又深知：祖制家法最忌后妃干预政事，如有敢犯者将废退问罪，特立严格戒谕，用铁牌铸字，挂在每一官门之内。可是她想到太祖马皇后辅佐太祖打下天下，治理天下，还赢得了一代贤后之美誉。自己还不如效仿马皇后，参政但不乱政，以免祖宗之业毁在自己手中。于是她毅然挑起了重担。所以宣宗初年，朝廷的大事主要由张氏裁决。

内阁是明王朝统治的中心，因此，内阁选定贤臣，至关重要。杨士奇刚直敢言，在成祖时就受命辅助太子高炽监国；杨荣多谋善断，有军事才能，曾多次随从成祖出征漠北；杨溥是仁宗当太子时的老师，为人恭谨，有雅量。皇太后在重用他们的同时，晋授他们内阁大学士的职务。三人德高望重，才多资深，同时辅政，被人并称"三杨"。在他们的同心辅佐下，宣宗先于即位之初亲自出征，戡平皇叔高煦之叛；其后又果断从交趾撤兵，结束了这场牵连数年、徒耗国力的战争，使民众得以休养生息。

宣宗在位时距明朝建立的时间还不是太远，太祖、成祖勤政恤民之风对他还有影响，特别是皇太后，居安思危，经常教导宣宗勿忘祖宗创业之艰难，要体恤民情。每有地方发生水旱灾害，都必须对当地进行赈灾，减免民众所缴税。宣宗理解母后用心良苦，更加孝顺仰重皇太后。无论是入奉起居，还是外出游宴皆先奏请皇太后；四方贡奉的礼品，即使是微不足道的小物品，也必先给皇太后送上，天下都传扬他慈孝的美名。

宣德十年(1435)，宣宗也因突发疾病而逝去。朝臣们在悲憾之中，一边料理皇上的后事，一边关注新君临位。一连五六天，朝臣也没看见太子有登基的迹象，朝廷内外纷纷攘攘，谣言四起，有人甚至传言

明宣宗

张太后将废年幼太子，另立远在长沙的襄王为帝。皇太后不愿看到骨肉相残之事再发生，按照传统宣宗有子即应是法定继承者，她果断召请大臣到乾清宫，指着太子，坚定地说："这就是当今的新天子！"众朝臣慌忙叩头高呼："万岁！"于是，朝野人心安定，谣言也随之平息了。

新皇帝朱祁镇即位，是为英宗。英宗嗣位一个月后，尊皇太后为太皇太后。鉴于皇帝年幼，宣宗遗诏国家重务必须禀报皇太后，朝臣们也因为张氏自仁宗、宣宗两朝参政以来的政治威望及高尚品德，联合奏请太皇太后"垂帘听政"，而张氏以不能破坏祖宗法规为由加以拒绝，并下令将奏疏悉交内阁，由"三杨"议决，然后施行。

英宗继位初期，张氏不敢对他的亲族太放心。为了防止意外的事变，她从自身做起，在英宗即位后不久，就写信告诫她的长兄彭城伯张昶、三兄左都督张升，恳请他们恪守法度，恭行节俭，约束子孙，不要做违背法度的事。信中还告诫两位兄长，让他们每月的初一、十五要上朝参拜两次，且不得议论政事。

扶助幼主　洞察秋毫

明英宗朱祁镇继位时只有9岁，教育应该是他的头等大事。太皇太后张氏为使小皇帝不忘祖辈立业之艰辛，请出祖训，让英宗每天五更就披衣起身，由司礼监顶着祖训来宫门前跪诵，英宗在床上跪听，完毕再离床梳洗，然后乘辇临朝。在宣宗时这个例规就已经被废除，但英宗年小嗣位，张氏认为让他自幼培养勤政之风很有必要，于是又恢复了。正统元年(1436)，"三杨"上疏，请求太皇太后早开"经筵"这一皇帝接受正式教育的形式，择老成重厚、识大体之人供侍讲之职。太皇太后也高兴地同意了。

英宗登基初期，为保证政治秩序的安定，张氏作出了一系列决策：下令销毁宫中所设置的各种玩物，禁止办理与国计民生无关的一切不急之务，重申不许宦官参政、议政，不许外戚干预朝政。这些决策，再次显示出了她的魄力和能力。

之后，为了协调自己与皇帝、廷臣之间的关系，让朝臣在治国治民中发挥更大的作用，太皇太后张氏决定委政于内阁。当时内阁的权力掌握在"三杨"手中。张氏把国家重大事务交"三杨"议处，既发挥了内阁的作用，又可减少自己在决策上的失误，从而继承仁、宣之业，明王朝依旧保持着朝野清明、四海升平的局面。

正统七年(1442)十月，太皇太后张氏由于长期为国操劳，心力交瘁，终于病倒在床上。病重时，张氏曾召内阁大臣到榻前，询问朝中还有什么难办的事。杨士奇奏道："有三件事。第一件，建文帝虽然败亡，但他君临天下四年，应命史官编修建文实录，仍用建文年号。"张氏说："建文年号已经革除，能否把它编入洪武朝中？"杨士奇回答说："年历行于一时，实录乃是万世信史。岂可将建文年号之事编入洪武年中,以假乱真!"张氏于是点头表示答应。杨士奇接着又道:"第二件是方孝孺已经被诛,成祖余怒未息,又命凡是收藏方孝孺片纸只字者,一律论死。请太皇太后将这一禁令取消。"此时张氏已无力回答,只是点头,表示应允。杨士奇将要说第三件,话未出口,张氏就气断身亡了。

张氏与仁宗合葬于献陵,谥号"诚孝恭肃明德弘仁顺天启圣昭皇后"。

清太宗皇太极皇后哲哲

哲哲(1599 – 1649),清太宗皇太极皇后,世祖福临皇太后。博尔济吉特氏,父亲为蒙古科尔沁贝勒莽古思。1636年被册封为皇后,谥号"孝端文皇后"。哲哲是后金改国号为清的第一个皇后。她恪守妇道,善良温顺,在清初继承皇位的斗争中支持庄妃,为福临的继位起到了决定性的作用。哲哲后来和顺治帝一起进关,被尊为皇太后而善终。

哲哲是皇太极的结发妻子。这门婚事,是清太祖努尔哈赤定的。本来,科尔沁蒙古和努尔哈赤的关系并不好。后来,为了共同抗击明朝,逐渐联合起来,且关系越来越友善。努尔哈赤把自己的女儿嫁给科尔沁蒙古王公当福晋,科尔沁蒙古王公又把自己的女儿送给皇太极做后妃。满蒙两族就是通过这种政治联姻使联盟得以巩固、加强。

明万历四十二年(1614)四月,哲哲出嫁那天,努尔哈赤命皇太极亲自出迎。皇太极一直迎到辉发扈尔奇山城,大宴亲朋,举行了婚礼。哲哲美丽动人,端庄大方,性情温柔,待人和善,婚后与皇太极生活得十分甜蜜。当时皇太极常年东征西战,很少在家,哲哲虽感寂寞,却能体谅,给皇太极以无微不至的关怀、安慰。

后金天命十一年(1626)八月,努尔哈赤去世,经过激烈的争夺,皇太极于当年九月继承了汗位,哲哲被封为中宫大福晋。此后,哲哲的母亲科尔沁大妃便常来盛京看望女儿。皇太极每次都要亲自迎送这位岳母,并赏赐给许多金银珠宝、绫罗绸缎。

后金天聪十年(1636)四月十一日,盛京皇宫大政殿里热闹非凡,因为在这里举行隆重的登基典礼,皇太极从这一天起改称皇帝,国号改为清。皇太极登基之后,自然要加封后宫了。盛京的清宁宫、关雎宫、永福宫、麟趾宫和衍庆宫,均为后宫。皇太极有后妃15人,哲哲被封为清宁宫皇后;她的大侄女海兰珠被封为宸妃,居于关雎宫;小侄女布木布泰是海兰珠的妹妹,封为庄妃,居于永福宫;其他两宫来自蒙古阿霸垓部,一个为麟趾宫贵妃,一个为衍庆宫淑妃。

哲哲皇后恪守妇道，从未有过妒忌之心，也不过分注意皇太极和其他嫔妃的关系，生活得平平安安。因为自己未能为皇太极生子，她又把两个侄女进奉给皇太极为妃(庄妃和宸妃)。皇太极对她们十分宠幸，对皇后不免有些冷落。她却并不计较，始终默默地侍候着皇太极，并且关心和照顾着诸宫妃嫔。

清太宗皇太极

崇德八年(1643)八月，皇太极因急病去世。哲哲皇后身不由己地卷入了一场新的争夺皇位的斗争。皇后这个特殊的身份使她在关键时刻却有着举足轻重的作用。她和庄妃一起说服皇长子豪格放弃争夺，又争取大贝勒代善支持，最终使庄妃之子福临继承了帝位，而她自己和庄妃都成了皇太后。

此后，哲哲皇太后和顺治帝一起进驻北京，在宏伟高大的紫禁城中享了几年清福。顺治六年(1649)四月，51岁的哲哲去世。

附：清太宗皇太极庄妃布木布泰

布木布泰(1613－1367)，清太宗妃子。父为科尔沁贝勒宰桑。1636年封为庄妃。谥号"孝庄文皇后"。在明末清初历史上，她占有重要地位。她在政局动荡的数十年中，历经二代(明、清)三朝(天聪、顺治、康熙)的变化，把全部精力都投入到风云变幻的政治斗争之中，对清王朝的建立和巩固做出了重要贡献。

册立皇妃　喜生贵子

明万历四十一年(1613)，布木布泰出生在蒙古科尔沁部落的一个贝勒家里。童年时期，她的家庭条件优越，生活也无忧无虑。为了培养自己心爱的幼女，父亲宰桑特意聘请一些文人学士来教她读书，她也用心学习，自幼就显示出超人的天分和聪明伶俐的性格。

这时候，后金正在关外地区迅速崛起。后金大汗努尔哈赤为了更好地笼络蒙古贵族，亲自为四子皇太极挑选了布木布泰的姑姑——哲哲为妻。皇太极和哲哲福晋婚后十多年仍然无子，哲哲为了本民族在宫廷中的地位和利益，也为了使自己的生活不感到寂寞，在征得科尔沁蒙古王公同意后，建议皇太极把自己的侄女布木布泰召进宫中共同侍奉皇太极。

孝庄文皇后

此前，皇太极曾见过这位内侄女。天命十年(1625)二月，皇太极在都纳练兵之余，在大舅子宰桑家饮宴，见宰桑之女布木布泰艳丽无比，不禁为之动心，便有聘纳之意。此时见哲哲提起，便欣然同意。举行婚礼的那天，宰桑遣子吴克善送女。皇太极出迎，遇于沈阳城北岗，筵宴如礼。将要到辽阳京城，努尔哈赤率诸贝勒及后妃等出迎十里，大宴以礼成婚。皇太极因她貌美而十分宠爱。又见她谈吐不凡，智慧超群，更加器重。当时皇太极34岁，布木布泰只有13岁。

崇德元年(1636)皇太极称帝后，布木布泰被封为庄妃。崇德三年正月，庄妃喜得贵子，取名福临，他是皇太极的第九子。皇太极也十分宠爱这个眉清目秀、十分聪明的福临。

为帝解忧　劝降敌将

崇德六年(1641)七月，明、后金两军会战锦州，皇太极抱病出征，亲自指挥，打垮了明蓟辽总督洪承畴率领的13万军队。洪承畴战败被俘，锦州守将祖大寿被迫投降。锦州沦陷，标志着宁锦防线全部崩溃，明朝20年的苦心经营毁于一旦，北京危机大大加深。

皇太极早知洪承畴之能，深知若入主中原必用此人，于是他遣谋士说客，千方百计劝洪承畴降清。可是被囚禁在三官庙的洪承畴拒绝投降，断然绝食。皇太极曾派谋士范文程等人多次劝降，洪毫无降意。此后，皇太极想尽办法，洪承畴干脆口也不开了。

一天，心情颇为失望的皇太极，走进永福宫，把自己的烦恼告诉了庄妃。庄妃听皇太极说出因由，沉思许久说："洪承畴若肯归顺，夺取中原的大门就打开了。皇上，可不可以叫范文程来一趟？"皇上立即派人去叫。不一会儿，范文程来到永福宫。庄妃通过他详细了解洪承畴的家世、经历、爱好、脾气后，胸有成竹地向皇太极献出了自己的计策。皇太极不禁陷入沉思，最后点头同意。后来，庄妃亲自去到洪承畴住处，以她的温柔、美丽、体贴等刺激了洪承畴的求生愿望，使他渐渐意转心回，先是恢复了饮食，后又投降了皇太极。

庄妃劝降洪承畴，自然立下大功一件，心存感恩的皇太极对她更是宠爱有加。而当洪承畴得知对自己劝降的那位姑娘竟是皇太极钟爱的庄妃，他更感激皇太极的知遇之恩，决心追随新主人，以效犬马之劳。但此事并无正史记载，只是流传而已。

智扼火拼　扶子继位

崇德八年(1643)十一月，皇太极突然得了重病而暴亡，时年52岁。与皇太极相伴18个春秋的庄妃布木布泰悲恸欲绝，一再提出要效法前代皇后，为皇太极殉葬。但诸王、贝勒以皇子幼小需要母亲照看为由，全力劝阻。庄妃在众人的劝慰下慢慢平静下来。

由于皇太极死时，没有提及皇位继承人的问题，于是皇位争夺战很快展开了。皇太极有11个儿子，肃亲王豪格为长子，当时34岁，实力很强；此外的皇子均年幼，毫无竞争力。而皇太极的弟弟多尔衮无论功勋、能力，还是兄终弟及的方式，是另一个强有力的竞争者。豪格和多尔衮争夺皇位的竞争就开始了。双方势均力敌，各不相让。庄妃悲痛之余，已感到剑拔弩张之势。她认识到，在清宁宫的权力还没有完全丧失之前，她要运用它为自己的命运去搏斗。她分析形势后认为，豪格与多尔衮二王相争，和不可得，拼则两伤。经过几个昼夜仔细认真的思索，庄妃终于想好了一个折中方案：把自己的儿子福临推上皇位。这样就会使矛盾消减，成功的把握还是很大的。

庄妃立即找皇后商量，向皇后分析了目前的形势。皇后听完她的分析，认为这样可以避免豪格与多尔衮的火拼，决定支持庄妃，让福临继位，以保住清宁宫的特权，避免相互残杀。之后，皇后和庄妃一起劝说豪格支持这个方案。豪格虽然觉得心有不甘，但为了不让多尔衮继位，还是同意了。说通豪格后，庄妃和皇后立即召大贝勒代善入宫，争取代善的支持。代善害怕豪格与多尔衮自相残杀；但他又担心立福临后，庄妃临朝听政。他的心思一下子就被庄妃看透了，她诚恳地表示：福临即位后，自己就退居后宫，不会参与朝政的。代善终于默认了。

这样，只要庄妃再说服多尔衮就大功告成。当她来到睿亲王府时，多尔衮吃了一惊。庄妃微微一笑，开门见山地说："我来睿王府，是和你商议嗣君事宜的。你完全可以凭借你的战功登上皇位。但先帝有子，头一个豪格就不会甘心。同时你也会遭到先帝其他年长的儿子，以及代善一支的反对。"等了17年皇位的多尔衮自然不甘心，但听了庄妃对形势的分析，再加上得知后、妃也不会支持豪格继位，也就不再坚持自己继位。这时，庄妃便把自己的打算和盘托出："我儿福临，年方6岁，可以让他继承皇位，以王爷为摄政王，全权负责军国大事。这样安排，诸王贝勒不好公开反对，而王爷又能控制实权。国家不会发生内乱，王爷大权在握也实同皇帝。不知王爷意下如何？"多尔衮见庄妃说得合乎情理，同时也感受到了庄妃对自己的关心，自己也可以获得更大的权利，于是也同意了庄妃的建议。

崇德八年(1643)八月二十六日，福临在沈阳继承帝位，改元顺治，是为清世祖。尊哲哲皇后和生母庄妃为皇太后。

下嫁睿王　全力辅政

年幼的福临登上皇帝宝座，但他还没有处理朝政的能力，国家大权实际上掌握在多尔衮手中。随着清军入关以后军事进展的顺利，多尔衮的权力欲也日益膨胀，他利用手中掌握的军政大权，结党营私，打击异己。先是幽禁豪格，以致其郁郁而死，又排挤走另一个摄政王济尔哈朗。多尔衮建造的王府宏伟壮丽，胜过皇宫。他入朝时，满朝文武要对他下跪。多尔衮实际上享有了皇帝的尊荣和权力。他掌理国政，权高望重，天下只知有摄政王，不知有顺治帝。他如果要废顺治帝自立，易如反掌。但在布木布泰的巧妙周旋下，多尔衮始终没有这样做。

多尔衮以摄政王之尊出入内宫，和太后接触频繁。当时太后年方31岁，正值盛年。比太后大2岁的多尔衮也十分爱慕布木布泰的美貌。这时恰恰多尔衮的妻子病故，太后为了笼络和控制多尔衮，巩固自己和福临的地位，便按照满族父死则妻其后母、兄死则妻其嫂的习俗，于顺治二年(1645)下嫁给多尔衮。

顺治七年(1650)十二月初九，志满意得的多尔衮突然咯血，病死在塞外的喀喇城，时年39岁。13岁的顺治帝追尊他为成宗义皇帝。但没过几个月，有人告发多尔衮有废帝自立的阴谋。顺治帝早已不满多尔衮的专权，于是追废了多尔衮的一切荣衔，并抄没其家。

顺治八年正月十二，14岁的福临在太和殿宣布亲政。临朝听政，日理万机地处理国事，对顺治来说，依然困难重重。但顺治在亲政的8年间，能够有所作为，使清朝政权得到基本巩固，这与布木布泰太后的辅佐是分不开的。

顺治八年二月，布木布泰太后诰谕皇帝说："为天子者，处于至尊，诚为不易。民，国者之本。治民必简任贤才，治国必亲忠远佞，用人必出于灼见真知，莅政必加以详审刚断。赏罚必得其平，服用必合乎则。毋作奢靡，务图远大，勤学好问，惩忿戒嬉。倘专事佚豫，则大业由兹替矣。凡机务至前，必综理勿倦，诚守此言，岂唯福泽及于万世，亦大孝之本也。"顺治帝把这份诰谕称为"作君之则"，作为自己的座右铭。顺治遵照母后的教导，总结治国的经验，选贤任能，严惩贪官，对朝政进行了一系列改革，并取得了一些成就。庄妃也十分欣慰。

此时，各地反清斗争依然不断，南明残余势力也在试图东山再起。布木布泰太后认识到要统治全国，缓和满汉人民之间的矛盾，必须要重用汉人为清皇朝效力。当时吴三桂被清政府封为平西王，权倾西南，布木布泰太后对他倍加笼络，亲自主持把皇太极的第十四个女儿和硕公主嫁给吴三桂之子吴应熊为妻；又打破常例，把平南王孔有德的女儿孔四贞养在宫中，一切待遇与郡主相同。这种特殊的礼遇，使早年投降清朝的原明朝将领感激万分，他们尽效犬马之劳，为清廷扑灭南明反抗力量、稳固统治立下很大功劳。

太后在后宫提倡节俭，在发生灾害时拿出余银去赈灾。顺治十一年(1654)，太后发宫中银4万两救灾。顺治十三年，她又发宫中银3万两，赈济直隶灾民。虽然这只是杯水车薪，但在朝廷百官中已经形成了表率。她还要皇帝发布告示，鼓励人民返回家园，开荒生产，并适当减免税收，恢复和发展了北方经济。

孝庄文皇后

顺治十六年(1659)七月，郑成功从厦门率舟师北伐，攻克长江的门户镇江，围困南京。消息传来，整个朝政都要震惊了。顺治帝举止失措，想要退守关外。皇太后严肃地斥责他说："你怎么可以把祖先以勇敢和鲜血生命拼来的江山这样轻易地放弃呢？"顺治帝由羞愧转为狂怒，说："我要亲自出征，或胜或死！"拔剑击案，以示决心。皇太后认为这样将使大局动荡，又竭力劝阻，使狂怒的皇帝冷静下来，留在北京坐镇指挥。顺治十七年八月，顺治帝宠爱的董鄂妃病故，他陷入极度悲痛之中，甚至要削发为僧，也为皇太后等人所劝止。

顺治帝在太后的辅佐下掌权11年，为清朝的发展奠定了基础。顺治十八年(1661)正月初七夜里，24岁的顺治帝因天花病死在皇宫中的养心殿。

再扶幼帝　奠定基业

顺治帝一死，皇位继承问题再次出现。顺治帝临死前，曾想选立一位兄弟，可太后布木布泰坚持立皇子，并做主立顺治帝8岁的幼子玄烨为帝，主要是以玄烨在幼年时已出过天花，不会再受这种病症的伤害为理由。此时的太后已有左右朝廷的能力，在她的主张下，帝位顺利更替，为防止专权，还特意安排了4位辅政大臣。

康熙帝即位后，安徽桐城秀才周南不远千里来北京，请太皇太后垂帘听政。可太皇太后断然拒绝了，她谕示诸王、贝勒和大臣们说："你们恩报朕子皇帝之恩，偕四大臣同心协力，辅佐幼主，则名垂万世。如果你们能做到这样，我就十分放心。"

四大臣辅政时期，施政纲领以太祖、太宗的法令为主，并恢复了一部分满族入关前的旧制，思想倾向保守。不久，四大臣内部开始分化。康熙四年(1665)初，议立索尼的长子噶布喇之女为康熙皇后，鳌拜借口其出身低下坚决反对，并会同遏必隆、苏克萨哈启奏太皇太后。太皇太后毫不客气地回答说："满洲下人之女如何立不得皇后？这件事不必再议了，就这么决定了。"七月，索尼的孙女被册立为皇后。当年六月，索尼病故。七月，太皇太后考虑到鳌拜与苏克萨哈的矛盾，决定同意康熙亲政。

康熙六年，14岁的康熙亲政。鳌拜无视幼主，把持朝政，不肯归政，时常露出篡位的野心。太皇太后感到孙子的皇权受到威胁，于是在她精心策划下康熙选练少年侍卫，智擒了鳌拜，巩固了政权。

康熙帝亲政后，太皇太后更加全力辅佐。朝廷大事，康熙帝基本上办事之前先告诉太后。朝中重大决策，甚至日常事务的处理，都与她的旨意是分不开的。康熙帝每天上朝前或下朝后，都要到后宫问安请示，有时一天多达3次，聆听祖母面授机宜。康熙帝曾赞颂太皇太后说："祖母虽然处在深宫，但为国家谋划弘纲大政，勉以怀侍，惕以励精。"康熙十二年（1673）二月，翰林院进呈刊刻满译本注释儒家经典《大学衍义》一书。太皇太后认为这本书十分有价值，并告谕康熙帝让他加意编纂，命儒臣翻译刊刻，颁赐诸臣。并特发内宫白金1000两，奖赏译刻有功人员。

康熙二十年（1681）末，康熙帝平息了三藩之乱。群臣要给康熙帝上尊号，康熙帝断然拒绝，提出应给太皇太后上尊号。太皇太后再三辞谢。

康熙二十六年（1687）十二月十一日，太皇太后染上风寒，卧床不起。康熙帝在慈宁宫连续侍奉了10余天。他每天只在辰时到乾清门听政，事情一处理完就返回来侍奉祖母。他还席地而坐，亲自调药。无奈太皇太后的病愈来愈重，临终前她平静地回忆了自己的一生，嘱康熙帝不要过于悲伤，以国事为重。并面谕："太宗文皇帝梓宫，安奉已久，不可为我轻动。况且我心恋你皇父及你，不忍远去，务必于孝陵近地为我选择一个地方。这样，我的心就没什么遗憾了。"当年十二月二十五日，太皇太后逝世，享年75岁。遵照她的遗愿，安葬于河北遵化昭陵西，称昭西陵。谥号"孝庄文皇后"。

清高宗弘历（乾隆帝）皇后富察氏

富察氏（1712－1748），乾隆帝皇后。父亲李荣保，官至察哈尔总管。1737年册封为皇后。谥号"孝贤纯皇后"。富察氏在后位时正值清朝最繁盛时期，国力强盛，物资丰实，但她并不因此而大度挥霍，始终保持克勤克俭的作风，对皇帝的享乐奢侈常直言面谏，为此深得乾隆帝敬重。

富察氏早年嫁入皇家，为弘历嫡妻。雍正五年（1727），弘历为皇子时，富察氏被封为嫡福晋。1736年，弘历即帝位，是为高宗，改元乾隆。富察氏被册立为皇后。

富察氏平时十分注意节俭，她当皇后13年，从没佩戴过珠宝翠玉，只用通草绒花做装饰品。每年正月新春开始，后妃们都要做荷包献给皇帝。别的妃嫔都用金银丝线，非常华丽，唯独富察氏用鹿羔绒毛制作荷包。富察氏这样做，是想仿照清朝在关外时期的样式做法，是在以此提醒皇上不忘祖宗，因此受到乾隆的敬重。

乾隆帝喜欢率大臣、后妃游山玩水。他曾经6次下江南，5次巡幸五台山，5次告祭曲阜，7次东谒三陵，2次巡游天津，1次登赏嵩山，1次游览正定，多次避暑热河，在皇帝中，可以说是巡幸最多的了。每游一次，

孝贤纯皇后

必然耗费许多人力、物力、财力。为此，富察氏多次劝告皇帝，乾隆帝表面点头应承，心里却不以为然，依然挥霍奢侈。

乾隆十三年（1748），富察氏随同乾隆帝东巡。三月，准备在山东德州乘船返回北京。刚到德州，富察氏就得了感冒。恰巧当地连日春雨纷纷，天气格外阴冷。富察氏感冒没好，加之旅途劳累过度，转成肺炎，37岁的富察氏最终不治身亡。富察氏生有永琏、永琮二子。富察氏死后，乾隆帝很悲痛，昼夜兼程返回北京，将富察氏殡于长春宫，服缟素12日。

皇后富察氏曾对乾隆帝说过："我百年之后，陛下如赐我谥号，就请赐'孝贤'。"于是，乾隆帝谥富察氏为"孝贤纯皇后"。

还沉浸在悲痛之中的乾隆为孝贤纯皇后撰写了碑文，其中写道："忆昔宫廷相对之日，适当慧贤定谥之初。后忽哽咽以陈词，朕为歆而耸听。谓两言之征信，传奕禩以流芳。念百行以孝为先，而四德惟贤兼备。倘易名于他日，期纪实于平生。讵知畴昔所云，果作后来之谶。在皇后贻芳图史，洵乎克践前言。乃朕躬稽古右文，竟亦如酬夙诺。"情切意深流露于字里行间，表达了乾隆帝对皇后的思念和敬重。

乾隆十七年（1752），孝贤纯皇后葬孝陵西胜水峪。

清宣宗旻宁（道光帝）皇后钮祜禄氏

钮祜禄氏（1807－1840），清宣宗旻宁（道光帝）皇后。其父颐龄为二等侍卫、一等男。道光十四年（1834），被立为皇后。谥号"孝全成皇后"。钮祜禄氏在中国封建王朝数以万计的后宫佳丽中，她得到最珍贵的感情。在世时，和道光皇帝伉俪情深，去世后，道光皇帝不再立中宫，并立她唯一的儿子奕詝为皇太子，以报多年情谊。所以虽然享年只有33岁，那又有什么遗恨呢！

南雁入宫　帝后情深

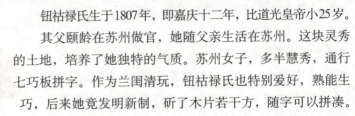

钮祜禄氏生于1807年，即嘉庆十二年，比道光皇帝小25岁。其父颐龄在苏州做官，她随父亲生活在苏州。这块灵秀的土地，培养了她独特的气质。苏州女子，多半慧秀，通行七巧板拼字。作为兰闺清玩，钮祜禄氏也特别爱好，熟能生巧，后来她竟发明新制，斫了木片若干方，随字可以拼凑。人人羡慕她聪明、灵敏，真乃"蕙质兰心并世无"。道光皇帝亲选秀女，颐龄便把女儿送入宫中。因她生长在苏州，出落得委婉娇柔，秀丽聪慧，这与旗下格格的开朗爽健是大异其趣，所以独蒙帝眷。因此，其地位也不断地发生变化，不到一年从全嫔晋封为全妃，接着又获得

孝全成皇后

了全贵妃的封号。道光十一年(1831)六月全贵妃生了皇四子奕𬣞，就是后来嗣位的咸丰皇帝。娇妻爱子，道光皇帝对钮祜禄氏是"捧在手上怕掉了，含在嘴里怕化了"，可谓宠爱有加。皇后佟佳氏于道光十三年(1833)去世后，道光皇帝将钮祜禄氏全贵妃晋升为皇贵妃，统摄六宫。第二年，又立钮祜禄氏为皇后，追封皇后父颐龄为一等承恩侯，由其孙袭爵。岂知好景不长，仅做了6年皇后，钮祜禄氏便于道光二十年(1840)正月暴崩。享年只有33岁。

皇后的突然去世，对道光皇帝是个非常沉痛的打击。年近花甲的道光时常哀戚。特谥皇后为"孝全"皇后，此后不再立中宫，并立皇后之子奕𬣞为皇太子，以报多年情谊。孝全皇后除生奕𬣞后来继皇位外，还有两个女儿。一个早年夭折，另一个即寿安固伦公主，嫁给奈曼部札萨克郡王。

千古疑案　众说纷纭

关于皇后的"暴崩"曾有各种说法。清宫词有这样两句："如意多因少小怜，蚁怀鸩毒兆当筵。"原注："孝全皇后由皇贵妃摄六宫事，旋正中宫；数年暴崩，事多隐秘。其时孝和皇太后尚在，家法森严，宣宗(道光帝)亦不敢违命也。"照这首词来看，孝全皇后的暴崩，好像是在新年宫中家宴时，为人下毒所致。这人究竟为何人？孝全皇后不仅能用七巧板"谱成六合同春字"，还在皇太后寿辰时填词写诗，大出风头。为此孝和皇太后对皇后的敏慧过人，未免有些惋惜，她以为"妇女以德为重，德厚乃能载福，若仗着一点才艺，恐非福相"，才对道光帝说出上面的一段话。但孝全皇后因有皇四子，前面3个皇子生后早殇，奕𬣞就是长子，有可能就是

将来的皇上。这话传到孝全皇后耳朵里，自然不高兴了，于是婆媳之间有了嫌隙，为此怀疑是皇太后所为；另有一种说法，道光十一年，孝全皇后生奕詝。第二年静贵妃也生皇子，即皇六子奕䜣。奕䜣英俊聪慧，道光帝甚是喜爱，曾想立奕䜣为皇太子。金合缄名，当时写上奕䜣名字的人又特别多。可是因为皇一、二、三子早殇，奕詝实为长子，按皇室规矩皇帝逡巡未决。相传，孝全皇后隐知皇帝有意立皇六子奕䜣后，曾阴谋设毒，想害死奕䜣，以绝后患。但她的亲生儿子奕詝从小和皇六子一起玩大，感情颇深。奕詝不忍心残害亲弟弟，偷偷告诉了奕䜣。这样皇六子才免于一死。所以有人猜测：是不是此事被皇太后所知，有所责备，因为孝和太后秉性严毅，后妃畏惮。孝全皇后因而羞怯，自己服毒而亡？

道光皇帝又不是3岁小孩儿，加之他和皇后恩爱无比，对于孝全皇后的死因，他又怎么能不怀疑呢？可是孝和皇太后尚健在，家法严毅，道光皇帝又素以孝顺著称，不敢违命，只得不了了之。这样鸩毒一案，遂成千古疑案，而这种所谓的疑案，在宫廷斗争中比比皆是，可称为帝王之家的"特产"了。

清文宗奕詝（咸丰帝）皇后钮祜禄氏

钮祜禄氏(1838－1881)，清文宗奕詝(咸丰帝)皇后。父穆扬阿，官广西右江道。1852年被册立为皇后，穆宗即位后尊为"慈安皇太后"。谥号"孝贞显皇后"。她虽和慈禧共同两度垂帘听政，但因宽厚仁爱而形同虚设，大权全部被慈禧夺得。

勤俭德高 母仪天下

钮祜禄氏是满洲镶黄旗人，出身高贵。在奕詝即位之前，她就以侧室的身份在宫中侍奉皇储。当时的嫡福晋是富泰之女萨克达氏。

道光二十九年(1849)，萨克达氏病逝。道光三十年，奕詝即位，是为文宗，即咸丰皇帝，晋封钮祜禄氏为孝慈皇贵妃。咸丰二年(1852)，钮祜禄氏被立为皇后。

在清代所有皇后中，钮祜禄氏算得上是最勤俭、最有道德的。朝内外的大臣官员们为了巴结皇帝和皇后，在她生日那天便纷纷前来献送厚礼，钮祜禄氏一概拒绝，绝不通融。

孝贞显皇后

在对待人们送礼一事上，她曾这样告诫当时尚为兰贵人的叶赫那拉氏说："我们这些人若多接受一份礼物，老百姓们就会多一份饥寒。所以，此陋习必须被戒除！"她平时穿的都是布衣服，帷帐、罩幕与雨披等也一律不用绣品，对那些好看不中用的洋纺织物更是不用。宫中穿用的绣鞋鞋面上的花，她都督令宫女们绣上去，而且每年自己也要亲手绣一双鞋面，以此倡导每个人都做些力所能及的事。

钮祜禄皇后，严格遵守封建礼法，一举一动都没有疏漏越轨之举。夏天天气再热，她也不露出身体来，洗澡时也从不用宫女、太监们伺候，不换上礼服就不去见皇帝，坐着时腰板挺直，走动时慢步徐行，从不快步疾走。对待下人，她也比较和善，从不疾言厉色。咸丰帝几乎把她当成女圣人来看待。一次，咸丰帝为了游乐，下令花巨款整饰圆明园等居处。为劝阻皇上的做法，一向温顺的钮祜禄氏竟拔下头上的簪子，披头散发地对咸丰帝进谏。从此，咸丰更是敬重于她。

清朝宫中的规矩，妃嫔以下所有女子穿的服装，都必须是窄袖长袍，不许穿裙子，头上的髻要统一梳成横长式，站时要挺直腰板。等到被册立为妃时，穿着、梳头、行动才能稍微自由一些。叶赫那拉氏初选入宫(1852)刚被封为贵人时，由于不熟悉清宫里的礼制，偶尔梳过宫外满洲妇女们常梳的飞云髻，不料被皇后看到。为此她传谕，申斥其要谨遵宫中法度，这件事引起了兰贵人的不满，但皇后因为她并无成见而毫无觉察。

咸丰十年(1860)，英法联军攻占大沽，兵进天津，直逼通州，欲进犯北京。咸丰帝带着皇后钮祜禄氏、懿贵妃叶赫那拉氏和皇子载淳一行，仓皇逃到热河行宫(今河北承德避暑山庄)。咸丰帝平日沉溺于声色，纵欲过度，致使体弱多病。钮祜禄氏虽身为皇后，但懦弱的性格使她根本无力劝阻。到热河后，咸丰帝照样偷空出外游乐，身体越来越坏。咸丰十一年七月，咸丰帝开始大量咯血，身体急剧恶化，于当月十七日在寝宫烟波致爽殿病逝。这一年，钮祜禄皇后才24岁，叶赫那拉氏也不过26岁。

咸丰帝去世后，年仅6岁的皇子载淳即皇帝位，尊封钮祜禄氏为皇太后，上徽号为"慈安"；同时尊生母懿贵妃叶赫那拉氏为皇太后，上徽号为"慈禧"。小皇帝称慈安太后为"母后皇太后"，称慈禧太后为"圣母皇太后"。两宫太后居住的宫院，慈安太后居上首，坐东；慈禧太后居下首，坐西。后来她们共同垂帘听政，同样是慈安太后坐皇帝座上首(东面)，慈禧太后从下首(西面)，因此慈安太后又称东太后，慈禧太后则称西太后。

节俭自爱　智斩太监

辛酉政变之后，慈安、慈禧两宫太后开始了共同垂帘听政的生涯。开始的时候，由于慈安太后位居正宫，名位高于慈禧太后，因此慈禧太后不敢太张狂，大权一度由慈安太后掌握着。这时，满朝尚以节俭为荣，她常以东南太平天国未灭，国家正处多事之秋为由，驳回一些阿谀奉承的大臣奏请大兴土木重修圆明园的奏折。

同治四年(1865)，慈禧太后经过一番谋划，革除了恭亲王奕訢摄政王的头衔。此后，慈禧太后完全把持了朝政，慈安太后的"听政"也就成了一种陪衬，节俭的那一套做法当然也就随之消失了。

同治初年，慈禧太后宠幸安德海，也允许其参议国政。穆宗载淳尚未成年，但对安德海飞扬跋扈的一套非常不满，经常为一些事训斥安德海。而每次挨了训，安德海都要向慈禧太后诉委屈，慈禧太后马上便召载淳来指责一番，皇帝由此对安德海更是痛恨。

同治帝曾找慈安太后密商除掉安德海的办法，他们认为山东巡抚丁宝桢敢作敢为，因此在丁宝桢入京晋见时，皇帝令他俟机诛杀安德海，丁宝桢慨然允诺。同治八年(1869)七月，慈禧太后命安德海往南方采办宫中用物，安德海公然打着钦差大臣的旗号乘楼船沿运河南下，沿途搜刮百姓，公开受贿。安德海进入山东德州地界时，丁宝桢得知消息，令总兵王正启率兵追捕安德海，并于泰安将其抓住，押回济南。丁宝桢派人飞马上奏朝廷。慈安太后得到报告，立即召见军机大臣奕訢及内务府大臣等商议处置办法。诸大臣都说祖制规定，太监不得出都城之门，大清建立200多年来还从没有敢违犯的，如有违犯者要坚决处死不可饶恕，安德海应就地正法。慈安太后果断地以皇帝的名义降旨，在济南就地处死安德海。

宽厚仁爱　反遭暗算

慈安太后为人宽厚仁爱，对同治帝从小就照顾有加，她俩的关系远远超过同治帝与其生母慈禧太后的关系。一次，同治帝独自从皇宫后门出去游玩，路旁有卖凉粉的，感到口渴时，他就去吃凉粉，但从来不知道应当付钱。卖凉粉的见他举止不凡，认为一定是大官的子弟，所以不敢向他要钱。后来得知情由，同治帝就敕令广储司付给白银500两。官员向慈安太后汇报时，慈安太后说："这真是胡闹！虽然是小孩开玩笑，但皇宫怎能失信于百姓呢！"马上命令照纸条上写的数目付银子。接着又召小皇帝来询问这事，载淳毫不隐讳地都承认了，慈安太后听完也只是笑笑而已。

慈安太后在为同治选择皇后时也颇费一番苦心。她怕载淳亲政以后年纪太轻，不能胜任繁重的政务，所以得要一位成熟贤淑、识大体，而又能动笔墨的皇后。但她也不独断专行，而是在征得同治帝同意后，立钮祜禄氏为皇后。皇帝"大婚"之后，慈安太后对皇后钮祜禄氏更是多方关照，每次皇后来问安、伺膳，她都热情接待，并屡次催促皇后早早回宫，不必过于拘礼。但由于慈禧太后的挑拨、干扰，致使皇帝与皇后两人分居而住，由此产生了一系列悲剧，导致同治帝死亡。在载淳刚

慈安皇后

死后的几天里，也多亏她安慰、开导皇后，才使钮祜禄氏有了生活的勇气。

穆宗死后，载湉被立为帝，是为德宗，即光绪皇帝。这本非出自慈安太后之愿，完全是慈禧太后的主张。由于德宗皇帝即位时年纪尚幼，两宫皇太后二次垂帘听政。这时虽然是二人同时训政，但慈安太后更是毫无权力可言，实权都掌握在慈禧太后手中。在光绪年间，慈安太后诚心信奉佛教，在宫中天天以持斋念佛为主。慈安太后十分不满慈禧太后的专权和无理，两人之间的矛盾也逐渐凸显出来。

慈安太后打算劝阻慈禧太后骄横擅权的独断行为，给她一个警告，使她收敛一些。在光绪七年(1881)的某一天晚上，慈安太后在自己宫中置办酒宴，以祝福为名将慈禧太后请到自己宫中。酒至半酣，慈安太后屏退左右，先用一些旧事打动慈禧，忽然话题一转道："咱们姊妹现在都老了，说不定哪天就要离开尘世。我们也同心协力了二十几年，期间都没说过冲撞对方的话。而我这里存有一件东西，是过去从先帝文宗处接受过来的，现在它已经没什么作用了。"说完，从袖中拿出一个精致的信封递与慈禧太后，慈禧太后看后吓得脸色顿变。这封函内装的是清文宗交给慈安太后的遗诏。遗诏的大意是："叶赫那拉氏是皇帝的亲生母亲，母以子贵，日后定会尊封为皇太后，我对此人实在是不能深信。此后如果她能安分守法也就罢了，否则，你可以出示这一纸诏书，命廷臣宣布我的遗命，把她除掉。"慈安太后等慈禧太后看完，当面烧了。

几天后，慈安太后偶然因有事到慈禧太后宫中，慈禧太后一反过去的骄狂放纵，十分恭敬地对待了她，连一旁伺候的太监宫女都感到很奇怪。慈安太后也暗自高兴，认为是前日自己烧密旨的做法收到了效果。两个人坐下来聊天，越聊越投机，时间稍长，慈安太后觉着腹内稍微有点饥饿，慈禧太后即令侍者捧来一盒糕饼，慈安太后吃着很对口味，说这好像不是御膳房做的食物。慈禧太后回答："这是我妹妹送给我的。姐姐您喜欢吃，明天我叫她再送一份来。"过了一两天，慈禧太后派人把几盒糕饼送进慈安太后宫中，花色味道与上次吃过的一模一样。没想到慈安太后只吃了一两个，就觉得身体不适，到了晚上竟撒手西归了。享年45岁。

慈安太后去世后，被埋葬在定陵东面的普祥峪，取名为"定东陵"。累谥"孝贞慈安裕庆和敬诚靖仪天祚圣显皇后"。

附：清文宗奕詝（咸丰帝）贵妃叶赫那拉氏

叶赫那拉氏(1835－1908)，清文宗奕詝妃子，同治帝皇太后。小名兰儿。父惠征，官安徽徽宁池广太道候补道员。1857年被册封为懿贵妃。穆宗即位后尊为"慈禧皇太后"，谥号"孝钦显皇后"。她把持朝政近半个世纪，是中国历史上把持朝政时间最长的一位女性。她素有野心，喜好铺张，专权擅政，连续操纵两位皇帝，给中国人民带来了深重灾难。

意外受宠　逐步参政

慈禧出生于道光十五年(1835)十月初十。家在北京，为一个世代为官的官僚家庭，曾祖父、祖父都是京官，曾官至员外郎。父亲惠征，曾做过几任地方官，后来在安徽池宁广太道任候补道员。她是惠征的长女，自小随父南来北往，见多识广。慈禧的两个哥哥，一个叫照祥，后来官至护军统领，承袭恩公；一个叫桂祥，官至都统，也就是光绪的皇后——隆裕皇后的父亲。她的妹妹后嫁于醇亲王，即光绪的母亲。

咸丰元年(1851)，慈禧被选为秀女。依照清代惯例，被选中的秀女将被皇帝确定名位，并赐封号。咸丰二年(1852)二月十一日，慈禧被封为兰贵人，并于五月进宫。慈禧平时喜欢打扮，入宫之后更是把自己打扮得婀娜娉婷。她先在皇后钮祜禄氏居住的坤宁宫当差，起早贪晚，勤劳操作，诸事谨慎。只因皇帝政事较繁，慈禧还无缘与皇帝接近。咸丰四年(1854)的一天，咸丰帝退朝入宫，正值皇后奉太后之召，赴慈宁宫。宫娥们前呼后拥，侍候皇后，一见皇帝驾到，纷纷上前请安。咸丰帝偶然发现其中的慈禧身材苗条，妩媚动人，就将她留下。自此，她对皇上着意迎奉，颇能取悦皇上，逐渐得到了咸丰皇帝的宠信。咸丰四年，她由贵人晋升为懿嫔。咸丰六年(1856)，生下了儿子载淳(即后来的同治皇帝)，是嫔妃中唯一有儿子的。母以子贵，生孩子的当天，慈禧升为懿妃。咸丰七年，又被封为懿贵妃，地位仅在皇后之下。

这时，南方的太平天国起义军发展迅速，各地告急的奏章纷至沓来，弄得咸丰帝坐卧不宁。懿贵妃乘机帮皇上看奏章、出主意，策划镇压。后来朝廷用湘军打太平军，懿贵妃看重曾国藩的才干，就不断劝说咸丰帝重

慈禧太后

用他，同时要保证湘军的粮饷。从此，曾国藩扶摇直上，成为满族统治者信任的汉族官僚。懿贵妃也因此得到参与政事的权利。

咸丰十年(1860)，第二次鸦片战争爆发，英法联军打天津、犯通州，逼近京师。咸丰帝携宫眷、近臣，仓皇离开北京紫禁城，逃到热河避暑山庄。咸丰帝因平时纵欲过度而导致身体虚弱，再加路上颠簸劳累，到这里后便一病不起。慈禧趁机帮助咸丰帝披阅奏本，因此也了解了朝廷中各个小集团之间的动态。

咸丰十一年(1861)七月十七日，咸丰帝病危，于是他急命大臣代笔遗诏，立独生子载淳为皇太子；命其宠信的王公大臣怡亲王载垣、郑亲王端华、协办大学士户部尚书肃顺等八人为"赞襄政务王大臣"，协助不满6岁的载淳处理一切政务。不久，咸丰帝去逝。

辛酉政变　两宫同治

慈禧的政治野心极大。她对肃顺等人奉承咸丰皇帝、无视她的存在的这种做法早就十分不满；尤其是她听说，肃顺曾建议咸丰皇帝将她铲除，仅留其子，以免日后专权，咸丰皇帝犹豫未决的消息后，慈禧对肃顺等人更是恨之入骨。咸丰皇帝在世的时候，仇恨还不敢表现出来，但咸丰皇帝一死，眼见肃顺等人控制政权，她岂可甘心。慈禧在权欲与仇恨的推动下，决定孤注一掷，发动政变，消灭对手，掌握政权。

首先，慈禧利用其皇帝生母的身份，控制了属于皇帝掌管的"同道堂"的印章，代子钤印。八大臣对此极为不满，于是慈禧便怂恿皇帝不予用印，因此辅政大臣首次发给内阁和地方官员的咨文没有印章。最后肃顺等人只好妥协让步。

慈禧感到自己一个人的力量太孤单，他决定联合、壮大自己的力量。恭亲王奕䜣是她联合的主要对象。奕䜣是咸丰帝同父异母的弟弟，道光帝的第六个儿子。咸丰帝死前，由于和六弟关系不好，没有把他列入辅政大臣之中；咸丰帝死后，肃顺等人又不许奕䜣去热河奔丧，因此与慈禧一样，他对肃顺等人极为不满。与此同时，奕䜣不仅在内阁和军队里一直有众多的支持者，而且还得到了洋人的信赖，这正是慈禧所要借重的。而对于奕䜣来说，慈禧也有很大的利用价值。所以，当慈禧派宠信太监安德海秘密前往北京联络奕䜣时，双方一拍即合。奕䜣不顾肃顺等人的阻止，强行来热河祭奠咸丰帝。之后，慈禧借召见奕䜣之机，共同策划了政变的具体事项。

奕䜣到京后，开始策动一批官员弹劾肃顺等辅政大臣，并制造皇太后垂帘听政的舆论。一时间，朝野纷纷要求皇太后垂帘听政、撤销肃顺等人的辅政。在这种气候下，慈禧大胆地做了一些政变前的试探动作，主要是削减了几个辅政大臣的军权。当载垣等人以事务繁忙为由，违心地要求减少他们的部分职务时，慈禧立即顺水推舟，以皇帝的名义下诏解除了载垣的銮仪卫、端华的步军统领、肃顺的管理理藩院的职务。之后，慈禧通过奕䜣同兵部侍郎胜保相勾结，还收买了另一个掌握兵权的蒙古亲王僧格林沁，将北京周围的军队全部控制在自己手中。

咸丰十一年(1861)九月二十三日，咸丰帝的灵柩要运回北京。慈禧以护送灵驾任务重要为由，让肃顺等八位辅政大臣护送，自己却和慈安太后、小皇帝载淳绕小道提前四天回京。回京后，慈禧立即召集在京的王公大臣诉说了肃顺等人的"罪状"，并说咸丰帝并没有任命辅政大臣，"辅政诏书"是肃顺等人伪造而成的。大学士周祖培、贾桢等立刻上疏，要求皇太后临朝听政；胜保等武将更是气势汹汹地说：如果不是皇太后临朝听政，那么各项政策措施都将无法实施。满朝文武见此情形，没有一个敢反对的。加上英法使馆早就扬言："只要朝廷不在北京，端华、肃顺继续掌政，我们就不认为中国已确实承认了条约。"以此施加压力。九月三十日，慈禧挟制载淳，传旨将载垣、端华、肃顺等人革职拿问，并严行议罪。肃顺等八位大臣刚刚进京，就被逮捕入狱。载垣、端华被逼自杀，肃顺被处斩，其余五人或革职或发遣。与此同时，凡拥戴垂帘听政的人都按功行赏，加官晋爵，其中当属恭亲王奕䜣头功，被封为议政王，在军机处行走，掌握了军政大权。

咸丰十一年十一月一日，慈禧与慈安在养心殿东暖阁垂帘听政，废弃载垣拟定的年号"祺祥"，改为"同治"，以示两宫皇太后与小皇帝一同治理朝政。因为这一年是辛酉年，历史上称这次政变为"辛酉政变"；又由于政变发生在北京，外国人多称为"北京政变"。从此，27岁的慈禧开始了她垂帘听政的生涯。

二次垂帘　排除异己

慈禧垂帘听政后，对外进一步投靠列强，对其无理要求只是一味地给予满足；对内则联合各方面的反动势力，残酷镇压太平天国和少数民族起义。慈禧采取了各种阴谋手段，培植亲信，排斥异己，逐渐在朝廷里形成了自己的势力范围。她独裁专政，使人不敢冒犯。

同治十二年(1873)，依照祖制，慈禧应该把政权交给已满18岁的同治帝。对此，慈禧尽管十万分不愿意，却也毫无办法。这时，偏偏同治帝因去花街柳巷寻欢作乐而染上了梅毒。慈禧知道了儿子的病情，但出于表面上维护皇家脸面而实际上维护自己权力的需要，令太医当普通疾病来治。结果，同治帝于次年(1874)十二月不治而亡。

同治帝无子，按照规矩，应该从同治的晚辈中寻找一个年长的来继承皇位。但是那样一来，慈禧就成了太皇太后，对她继续听政十分不利。于是同治帝一断气，

慈禧太后

慈禧立即派亲信太监和士兵把守宫廷内外，然后召集亲王大臣进宫举行会议，提出继承皇位问题。慈安提出立恭亲王奕䜣的儿子载澂为帝，奕䜣害怕慈禧猜疑，提出立溥伦为帝。慈禧驳回了两位提议人，自己提出立奕譞的儿子载湉来继承皇位。慈禧做出这种安排，可谓煞费心机：首先，载湉与同治帝载淳是同辈人，慈禧仍可以以皇太后的身份听政；其次，载湉年仅4岁，慈禧还可以以辅政为名操纵幼小的皇帝；再次，载湉不仅是咸丰皇帝的亲侄子，还是慈禧的亲外甥，便于控制。

同治十三年(1875)十二月底，载湉继承皇位，改元光绪。不到两天，慈禧便表示："皇帝年纪太小，现在时事艰难，万机待理，不得已，还要实行垂帘听政。"于是两宫太后再次垂帘听政。

慈禧坐稳了垂帘听政的宝座之后，又开始打击那些阻碍自己专权的人。首先是慈安太后被架空，后来又突然去世。接着，慈禧就把矛头指向了奕䜣。

在辛酉政变中，慈禧和奕䜣为各自的利益相互利用，所以配合得还很好。政变成功后，奕䜣以功臣的身份集宫内外大权于一身，再加上军机处里的人对他很恭维、洋人对他很赏识，不觉有些飘飘然起来，有时做事竟不再把慈禧放在眼里。慈禧最不能容忍的就是这种人。光绪十年(1884)，法国入侵越南，把中国在越南的军队赶了出来，并把战火烧到了中越边界。慈禧立即抓住时机，以奕䜣办事循旧、固执己见为由，将其彻底罢免，并且改组军机处。由此，慈禧大大巩固了自己的统治地位。

罢免奕䜣后，慈禧开始起用醇亲王奕譞。奕譞是光绪皇帝的生父，鉴于这种身份，有大臣提出他不宜参与军机处事务；醇亲王奕譞本人也再三推辞。但慈禧既看重奕譞是自己的亲妹夫，又看好他胆小怕事，易于控制，坚持让他主持军机处事务。

只要自己能独裁专政，只要自己能说一不二，慈禧就可以不惜一切代价，可以完全置国家利益于不顾。光绪十年，中法战争爆发。为了避免战争危及自己的统治地位，慈禧授权李鸿章与法国侵略者谈判，并乞求美英政府出面"调停"，并严令沿海守军"静以待之"。中国方面宣战以后，广大军民同仇敌忾，逐渐掌握了战争的主动权。光绪十一年，在镇南关大捷中，清军将法国侵略者打得一败涂地。但就在这个时候，慈禧却下令停战、撤兵，与侵略者签订了不平等条约。

中法战争在激烈进行的同时，慈禧在京城大兴土木修缮储秀宫，共花费了63万两白银。就在这种强烈的反差下，慈禧度过了自己的50大寿。

随心所欲　挥霍无度

光绪十一年(1885)，光绪皇帝15岁了，慈禧又到了结束听政的时候。她恋恋不舍地答应次年把政权交还给光绪帝。这时，一些王公大臣迎合慈禧的心意，奏请她再继续听政几年。慈禧也高兴地应允了。

光绪十五年(1889)，19岁的光绪皇帝已经完婚，慈禧不得不再次归政。在归政之前，她提出给自己建造一个好的"怡养之处"，于是便开始了大规模修建三海(南海、中海、北海)的工程。慈禧对工程要求极为苛刻，指令各殿阁内外的油饰、糊饰，一律要"见新"，而且要完全符合自己的旨意，不许擅自更改。她一天两次派宠信太监李莲英去工地查看、督促。这项工程共计花掉白银2000余万两，而19世纪80年代清王朝从德国伏尔舰厂买的两艘6000马力的"定远"与"镇远"铁甲舰、一艘2800马力的"济远"钢甲舰，才花了白银400万两，修"三海"的钱是买这些战舰的五倍。

"三海"工程结束后，慈禧便搬进去，开始了她的所谓"归政怡养"的生活。慈禧归政后，一方面，恣意听戏、作画、玩赏珍品等奢侈的享乐，甚至专门让人修了一条从中海仪鸾殿到北海镜清斋的小铁路，从法国进口了一辆豪华的小火车，供自己享用。但她又不愿意听到机车的声响，便摘掉机车，改由太监拉着走。另一方面，她仍将国家大事的裁定权牢牢地掌握在自己手中，重要事情都要亲自听取大臣奏议，重要奏章和咨文都要亲自阅定，严密监视光绪皇帝的一举一动。

光绪二十年(1894)十月初十日，是慈禧的60大寿。慈禧计划使这次庆典超过历代皇后，乃至历代皇帝。于是早在两年前，慈禧就开始筹备。光绪十八年，皇帝下发谕旨，认为慈禧寿典是举国盛事，所有应备仪式典礼，都必须专派大臣敬谨办理，并成立了庆典处，抽调众多亲王、大臣专门负责办理庆典事宜。待到庆典时，举行了一系列筵宴、演出，其奢华程度确实是历代皇后、皇帝所不及。而正在这时，中日甲午战争打得火热。不久，中国战败，李鸿章秉承慈禧意旨与日本签订了丧权辱国的《马关条约》，一时间舆论大哗，全国一片谴责之声。慈禧为平息众怒，只好将李鸿章等人罢免，把失地赔款的责任推给光绪帝，然后带上李莲英跑到颐和园享福去了。

镇压变法　卖国求荣

中日甲午战争以后，民族危机空前严重，民族资本主义也得到了发展，改良主义逐渐形成强劲的思潮。康有为等人于是举起"变法"、"维新"的旗帜，向封建专制制度提出挑战。光绪皇帝和慈禧太后也因此分歧越来越大。

光绪帝十分欢迎改良派，并打算利用他们来对付后党，将慈禧手里的大权夺过来，使自己和国家的处境都得到改善。光绪二十四年(1898)六月十一日，光绪帝发表诏书，正式表示变法的决心。接着，他任用了康有为、梁启超、谭嗣同等人，一连发布了几十道改革的命令，决定修铁路、采矿藏、办实业、开银行、改革官制、兴办新式学堂等。

朝廷那些守旧大臣看到光绪皇帝的这些举动和变法维新者的一系列活动十分不满，纷纷向慈禧反映，希望她尽快出面阻止。慈禧表面上不动声色，先做出归政后就不再干政的态度，漠视其发展。但等光绪皇帝推行新政到了最热烈的时候，她突然采取了行动：迫使光绪下令免去他的维新派老师翁同龢的职务，并逐回原籍；下令凡授任新职的二品以上大臣，都必须到她面前谢恩，将用人权控制到了自己手中；三是任命亲信荣禄为直隶总督，并且加文渊阁大学士，统率董福祥、聂士成、袁世凯的北洋三军，从而掌握了军事权。同时她让光绪皇帝陪着她到天津去阅兵，企图利用阅兵的机会由荣禄举行兵变，迫使光绪皇帝退位，再立一个听命于己的皇帝。

慈禧的政变阴谋被光绪帝得知，他马上密令维新派设法营救。维新派人士把希望寄托在统辖新军的直隶按察使袁世凯身上，但是，袁世凯赶到天津向荣禄告了密。荣禄慌忙进京，密报了慈禧。慈禧闻后连夜率人从颐和园回到紫禁城，直接闯入光绪帝寝宫，破口大骂。然后把亲信大臣召集来，把家法放到光绪帝面前，训斥道："天下是祖宗的天下，你怎么敢胡作非为？难道康有为的新法胜于祖宗之法？你真是糊涂到顶点了！"接着，慈禧下令把光绪皇帝囚禁在瀛台(中南海里的一个小岛)，并盗用光绪帝的名义发布上谕，以自己身体不好为由，恳请慈禧再次训政。于是，慈禧又完全把持了朝廷大权，开始了她一生中的第三次"垂帘听政"。

慈禧训政后的第一件事就是搜捕和屠杀参与变法维新的人。除杀害了谭嗣同、杨锐等变法维新的骨干外，其他凡是参与变法维新或有此倾向的人，或罢官或放逐或下狱。接着，慈禧将各项变法措施全部废除。

慈禧囚禁了光绪帝，对外界却宣布光绪病得很重。同时也拒绝派医生进宫探病的各国公使要求；在各国公使的极力强求下，才答应把法国医生召进宫来给光绪帝看病。没想到，这位医生看完病以后对人们说皇帝根本就一点病没有。对此，慈禧很是恼火。

慈禧十分不满光绪皇帝反对自己、支持变法运动的行为，因此她要废掉光绪，另立一个听话的皇帝。不久，她选中了端郡王载漪的儿子溥儁，立为大阿哥(即皇储)，准备继承皇位。但是出乎意料的是，中外许多人士都反对她的这种做法。慈禧派人去说服各国驻京公使，让他们前来祝贺。但各国公使都不来捧这个场，使得慈禧非常尴尬。

恰巧在这时候，慈禧听到洋人发出最后通牒，要求她把政权交给光绪帝的谣言。慈禧大怒，决定向美、英、法等八国宣战。光绪二十六年(1900)六月慈禧召开御前会议，正式向八国联军宣战。谁知宣战才几天，慈禧出尔反尔，竟派荣禄前往各国使馆慰问，表示愿意马上停战议和。荣禄亲自领兵来到北御河桥，在一块木牌上写着"钦差大臣荣禄，奉慈禧太后之命，前来尽力保护使馆"。慈禧还在战争最激烈的时候派奕劻去慰问各国公使，送去瓜果、蔬菜、米面，放到使馆聚集的东交民巷街口，任由洋人自行拿用。慈禧还无耻地说："这是我关怀笼络外国人的一点意思。"

光绪二十六年七月，八国联军很快逼近了北京城。惊慌失措的慈禧扮成农妇模样，携带光绪皇帝和大阿哥，在部分大臣和太监的簇拥下，狼狈西逃。临行前，珍妃出面请求皇上不必西去，应该留下来处理与各国讲和的事情。慈禧平日对珍妃就十分讨厌，此时见她又反对自己，就下令把珍妃淹死在井中。

在西逃过程中，慈禧也终于尝到了奔波的艰辛。但是，境况稍有好转，她便又作威作福起来。逃到西安以后，慈禧把巡抚衙门作为行宫，又过起了纸醉金迷的生活。单是每顿饭选菜谱就有100多种，鸡鸭鱼肉、燕窝海参，应有尽有，每天都要用200多两银子。慈禧却说这已经比北京节约了很多。

西逃途中，慈禧任命李鸿章为全权大臣，与八国联军谈判求和。并用光绪帝名义发布上谕，将她"宣战"的责任推卸掉。八国联军明知宣战责任在慈禧，也不再追究。光绪二十六年底，外国侵略者提出"议和大纲"十二条，慈禧连忙看也不看就说全部应允，没有经过多少谈判就于第二年九月签订了《辛丑条约》。卖国求荣的慈禧保住了自己的地位满心欢喜，就于次年八月在西安城张灯结彩，锣鼓喧天，然后3000多辆马车，满载着金银、古董，浩浩荡荡起驾回京。

光绪二十七年(1901)十一月，慈禧结束西逃生活再次回到北京。她到京后10天，就举行盛大宴会招待各国驻华使节及其夫人，献媚求宠之事毕尽。

恶后命终　死有余辜

慈禧回到北京后，仍然将光绪皇帝囚禁在瀛台，自己大权独揽，并对政事加以整顿。实质上，就是更加顺从帝国主义的驱使和控制，使清政府进一步买办化。于是帝国主义加紧了对中国的经济掠夺，中国的民族危机进一步加重。同时，中国的反帝反封建的革命斗争也进入了一个新高潮，孙中山先生领导的资产阶级民主革命开始兴起。光绪三十二年(1906)，为了保住自己的统治地位，为了抵制革命运动，慈禧开始"预备立宪"，实行了一些不伦不类、欺世盗名的改良政策。此时的慈禧到了穷途末路之时。

慈禧向来荒淫无度，哪怕在生命将近终结之时，也没有忘记利用权力及时行乐。光绪二十九年(1903)，慈禧心血来潮，提出乘火车去谒祭东西祖陵，但当时并没有从北京城通往东西陵的铁路，为了满足慈禧的要求，只得立即抢修，结果单是铁路铺修到东陵，就花了153万两白银。她过73岁生日时，仅袁世凯就送她两套玄狐裘袍褂，一支旗妆大梁头横簪，两枝伽楠香木中镶宝石珠凤，还有一枝一人高的大珊瑚。盛宣怀则送了一批宋、元、明三朝名家书画，又用1000两黄金，打造了9柄金光闪闪的大如意。中外人士，都对其挥霍程度惊叹。

为了填补精神上的空虚，慈禧请美国女画家卡尔进宫为她画像，还经常赌博、玩狗……此时，她的脾气已经坏到了极点。有一次，一个太监陪她下棋，说了句："奴才杀老祖宗这匹马。"她立刻大怒道："我杀你一家子！"并令人把这个太监活活打死。

慈禧直到生命的最后一刻，也没有放弃权力。光绪帝死后，她立即立了醇亲王载沣的儿子溥仪为皇帝，定年号为"宣统"。当时溥仪年仅3岁，自然什么事也不懂，因此慈禧又一次发布懿旨："小皇帝年纪还小，应当专心学习，所有军国政事，都按我的训令施行。"第二天，光绪三十四年(1908)十月二十三日，慈禧便死在了中海仪鸾殿，终年74岁。

慈禧死后，由徽号加谥号通称："孝钦慈禧端佑康颐照豫庄诚寿恭钦献崇熙配天光圣显皇后。"十一月十六日，慈禧入殓。后葬东陵。死后的慈禧依然十分风光，从断气开始，到把她埋入地宫，折腾了将近一年时间，耗白银达120多万两。

清穆宗载淳（同治帝）皇后阿鲁特氏

阿鲁特氏(1854－1875)，清穆宗载淳(同治帝)皇后。其父崇绮，官至户部尚书；母亲瓜尔佳氏。1872年被立为皇后。谥号"孝哲毅皇后"。她的婚典，是自康熙皇帝之后200多年来首次在位皇帝大婚。但遗憾的是，这些并未换来阿鲁特氏的幸福。

坎坷封后　百年婚典

阿鲁特氏的父亲崇绮，蒙古正蓝旗人，同治四年(1865)参加殿试，金榜题名，破格钦定为状元。作为状元的女儿，阿鲁特氏自幼就受到了良好的家庭教育。可以说具备了饱读诗书、知书达理、温柔贤惠、冰清玉洁等优良品性。

同治帝成年后，清皇室安排选秀。到同治十一年(1872)初，只剩下包括阿鲁特氏在内的10名合格"秀女"。两宫皇太后事先已决定，这一年的二月初二大吉大利，定于这一天选出皇后。朝野内外大部分人认为户部侍郎崇绮的长女气度非凡、德才俱佳，皇后非她莫属。而两宫太后也把人选圈定在了崇绮的女儿与凤秀的女儿之间。谁知慈禧心中有她自己的打算。她属羊，而阿鲁特氏属虎，如果属虎的人入选正位中宫，慈禧太后就变成了"羊落虎口"，慈禧十分忌讳这一点。于是慈禧便极力推举凤秀的女儿，说凤秀14岁的女儿富察氏美丽端庄，是皇后最合适的人选；而崇绮的长女阿鲁特氏已19岁，比同治皇帝还大2岁，又不是满族人，因此不宜立为皇后。慈安太后的意思刚好与慈禧太后相反，她认为阿鲁特氏虽然相貌不如富察氏，但立皇后以德行为最要紧，阿鲁特氏完全符合条件；虽说比皇帝大2岁，可懂事多，更能够照顾好皇帝，帮助皇帝读书。

孝哲毅皇后

　　二月初二，在御花园钦安殿，阿鲁特氏与被选的10名秀女等待最后的结果。两宫太后征求皇帝意见，同治帝倾向阿鲁特氏，两宫太后于是立阿鲁特氏为皇后。接着，按照清廷祖传的方式，载淳亲自把镶着羊脂玉的如意递给阿鲁特氏，然后慈安太后把红缎绣花荷包赐予富察氏。随后，众人来到养心殿，即拟旨诏告天下皇后已选立。慈禧太后又定富察氏为慧妃，赛尚阿女儿阿鲁特氏及赫舍里氏均为嫔位。

　　册立完皇后，就该准备大婚了。此次同治皇帝的大婚非同一般，这是康熙之后200多年来第一个在位皇帝大婚，可谓"百年难遇"（康熙至同治之间的几位皇帝，即位时早已成年，已有了嫡福晋）。在皇权社会里，不仅是北京，也是全国的一件大喜事，仪式自然是越浩大越好了。

　　大婚吉日定在同治十一年(1872)九月十五日。照满洲的婚俗，发嫁妆须在吉期的前一天。阿鲁特氏的妆奁多达360台，需连发4天，因此从九月九日重阳节这天起，皇后就开始向宫中送嫁妆。

　　吉期虽选定九月十五日，从十三日半夜仪典便已开始了。太和殿前，陈设全部卤簿，丹陛大乐，先册封，后奉迎；十四日寅初时分（凌晨三点多钟），同治皇帝御驾太和殿，亲阅册宝。册封皇后的制敕，一篇精致堂皇的四六文，铸成金宝，缀于玉版，由内阁撰写、工部承制。皇后的印章亦用赤金所铸，四寸四分高，一寸二分见方，交龙纽、满汉文，由礼部承制。

　　册封的使臣受命下殿后，跟在供奉"玉册金宝"的龙亭后面。人们抬着龙亭，直趋后邸。阿鲁特氏大门口由崇绮率领全家亲丁跪接，二门中由崇绮夫人率子妇女儿跪接。等在大厅上安放好了册宝，皇后方始出堂，先正中向北跪下，听宣读册文，然后灵桂把玉册递给左面的女官，她跪着接过来再转奉皇后。金宝也是这样一套授受的手续。册立大典，到此完成。册封的二位使臣即回宫复命。

　　"亲迎"是大婚礼仪的最后一个环节，皇帝大婚不亲迎皇后，当奉迎专使承旨奉迎皇后时，她们跪进朱笔，由皇帝在如意正中，朱笔大书一个"龙"字，然后将这柄如意放在凤舆中压轿，以此来代替皇帝，是"如朕亲临"的意思。奉迎的仪节以满洲风俗为主，奉迎专使即使都是女眷，也要全部骑马。马队仍由龙亭作为前导，一起来到后邸，崇绮带领全家仍有一番跪接仪式。等把凤舆在大堂安置好，10位福晋命妇便到正屋谒见皇后，然后侍候皇后梳妆。按照宫廷礼仪，皇后必须梳成双凤髻。收拾停当，众人再服侍皇后坐上凤舆，凤舆在子初一刻（晚上十一点多钟）出后邸上路，皇后由大清门被抬入宫，到宫里时是十五日凌晨。

一吃过午饭，文武百官，纷纷进宫，在太和殿前，按照品级排班；申初时分同治皇帝临殿，先受百官朝贺，然后降旨遣发陈设在端门以内、午门以外的凤舆，奉迎皇后。两福晋、八命妇作为奉迎专使，两福晋是载淳皇帝的婶母，惇亲王奕誴和恭亲王奕譞的福晋，八命妇原则上应是既结发、又有子孙的一品夫人。

皇宫中的礼仪是非常繁缛复杂的。皇后新娘子要跨过极旺的意味着"红红火火"的炭火盆，跨过意味着"平平安安"的苹果马鞍，这才能和皇帝拜堂。要拜天地、寿星，皇后还要单拜寿星。然后皇帝、皇后在东暖阁行坐帐礼，吃"子孙饽饽"（饺子）。接着皇帝暂时到前殿休息，等候作为奉迎专使的福晋命妇为皇后上头。等打扮好了，再吃宫里称作"团圆膳"的合卺宴。至此，帝后大婚盛典的全部礼仪始告完成。

这场"大婚"筹备3年之久，花销巨大，耗费惊人。据当时户部奏报，除去各省采办物料未经报部者，内务府寻常借款，特旨拨款，仅算各省报部和户部发放用于婚典的银两，就达1130万两。这庞大的开支，相当于当时清王朝全国一年财政收入的一半。

虎入羊口　玉殒香消

按惯例，皇帝婚后在东暖阁居住两天，第三天回到养心殿，皇后阿鲁特氏搬到体顺堂居住。此时，两宫皇太后尚在，她这个做儿媳妇的要伺候两个婆婆，这使皇后显得十分不自由，她每天都要到太后处去请安、侍膳，以尽孝道。慈禧由于属相的矛盾，对阿鲁特氏横竖都看不上眼，处处事事挑毛病、找碴儿，每每加以指斥、责难。相反，慈安太后十分满意这个儿媳妇，对她也十分照顾体贴。

同治帝和阿鲁特氏的夫妻感情很好。夫妻之间情趣高雅，宫中闲暇时，同治帝常以唐诗考她，阿鲁特氏随问随答，背诵如流。皇帝喜欢她，也敬重她，两人相亲相爱，相敬如宾。按常情，自己的亲儿子和媳妇感情好，作母亲的应十分高兴才是，可慈禧恰恰相反，格外不高兴。于是便对皇帝的私生活横加干预，不让皇帝与阿鲁特氏同居，并建议常到富察氏宫中。倔

同治皇帝

强的同治帝也不依母亲，干脆谁的寝宫也不去，一人独居乾清宫。母子失和，更使慈禧太后迁怒于阿鲁特氏，认为这都是她挑唆的结果。

小皇帝与母亲斗气离开妃，而独居乾清宫，开始还可坚持，但时间一长就有些心猿意马了。同时身边多是些奸猾的太监和皇亲的花花公子。在他们的唆使下，他化装来到宫外不远处的烟花柳巷寻花问柳，只一两年，便身染重病。慈禧太后在同帝得了不治之病后，首先传旨把同治帝迁到养心殿东暖阁，便于监视。阿鲁特氏皇后住在养心殿西侧的体顺堂，如要夫妻相会，早晚探望，都要事先向首领太监禀明，才能进入东暖阁面见皇帝。慈禧与皇后之间的矛盾已达到顶峰。

同治十三年（1873）十二月初四午后，皇后阿鲁特氏探视皇帝病情，当时正好皇帝神志清醒，见皇后愁眉锁目，脸上还留有泪痕，也不禁十分关心地询问原因。阿鲁特氏一时忍耐不住，就把又受慈禧太后指责的经过哭着告诉了同治帝。负责监视的太监急忙把这情况报告给太后，慈禧来到东暖阁，掀幕直入，一把揪住皇后阿鲁特氏的头发，由于用力过猛，皇后的一大撮头发连同头皮都被拉下来，又劈面猛击一掌，顿时皇后血流满面。慈禧此举逼得皇后义正词严地说："我是从大清门进来的，你无权打我！"慈禧太后一生的恨事正是不能正位中宫，阿鲁特氏的抗议正触犯了她的大忌，恼羞成怒的慈禧立即下令"传杖"，同治帝听了大惊，顿时昏厥。这一来免了皇后的一顿刑罚，而同治帝则就此病情加重，第二天不治身亡。

阿鲁特氏与同治帝婚后在宫中两年多的时间，两人同居的日子尚不足两个月。这当然主要是由于慈禧太后从中作梗的缘故。同治帝的死亡，慈禧太后的淫威，寡居皇后的日子就更不好过了。此后，阿鲁特氏以泪洗面，度日如年。过了不长时间，在光绪元年（1875）二月二十日半夜三更时分，即同治死后两个半月便死去了。

阿鲁特氏去世时年仅22岁。她活着时，受到慈禧太后的百般挑剔、折磨，死后的丧仪却十分隆重。慈禧当天即发出了一道上谕、一道懿旨，派礼亲王世铎领头办理，又加派恭亲王奕䜣主持，很是大操大办了一番。刚死时梓宫暂时安置在隆福寺。直到光绪五年三月，惠陵修好后，才与同治皇帝合葬在惠陵。谥"孝哲嘉顺淑慎贤明恭端宪天彰圣毅皇后"。

清德宗载湉（光绪帝）皇后叶赫那拉氏

叶赫那拉氏(1868－1913)，清德宗载湉(俗称光绪帝)皇后。父亲桂祥为慈禧太后的兄弟，官都统。1888年被册封为皇后。谥号"孝定景皇后"。她是封建王朝的末代皇后，平平庸庸、平平安安地度过了一生，清王朝对中国长达267年的统治也就此结束。

依势为后　临朝无能

叶赫那拉氏作为那拉氏家族中人，与慈禧太后有着密切关系，其父桂祥为慈禧太后的兄弟，她是慈禧太后的侄女。自然，她能成为皇后，也与这位姑母有关。

光绪十三年(1887)，光绪帝已经17岁，到了婚配的年龄。按照惯例，幼帝一经结婚，就要亲理朝政，太后必须"撤帘"归政。慈禧为了继续执掌朝政，当然要立本宗的女子为皇后，因此就选中了桂祥之女。

选后时，"备选"的5名秀女依次排列，站在第一位的是慈禧的侄女都统桂祥之女，其次是江西巡抚德馨的两个女儿，站在最后的是礼部右侍郎长叙的两个女儿(即后来的珍妃姐妹)。慈禧太后让光绪帝自己决定选谁当皇后，光绪帝在揣测慈禧太后心意后，怀着侥幸的心理大胆地走到德馨的长女面前，正要授给她玉如意时，慈禧太后惊慌失措，猛然大叫一声："皇帝！"光绪帝吓了一跳，连忙回头看了一眼慈禧太后，见她用嘴暗示站在第一位的秀女。于是，光绪帝无可奈何地走到桂祥女儿的跟前，把玉如意授给她。慈禧太后看到光绪帝中意的是德馨的女儿，如果入选妃嫔，必会有夺宠之忧，于是不允许光绪帝继续选妃，匆匆地命公主把两对荷包授给站在最后的长叙的两个女儿。

光绪十四年十月初五日(1888年11月18日)，慈禧太后下懿旨宣布光绪帝的后、妃一并选定。光绪十五年正月(1889年2月)，光绪帝举行大婚礼，正式册封叶赫那拉氏为皇后。

婚后，那拉氏与皇上的关系自然亲切不到哪里去。一方面，慈禧太后"强迫指定"皇后，给光绪帝感情上留下了创伤；另一方面，婚后那拉氏又倒向慈禧太后一边，更促成光绪帝对皇后感情上的疏远。而珍妃年轻活泼，性情开朗，志趣广泛，视野开阔，遇事颇有见解，在光绪帝料理政务当中，给予大力协助，光绪帝当然宠爱她了。

光绪帝专宠珍妃，作为慈禧内侄女的那拉氏皇后因失宠，醋意大发，由嫉而恨。那拉氏的怨毒愈积愈深，而且从不掩饰，几乎在每个人的面前都诅咒过珍妃。当她们每天早上一起到太后宫里去请安的时候，皇后从不曾把眼睛向珍妃瞧过一次。为了泄愤，皇后常在慈禧面前说珍妃的坏话。由此，慈禧常常迁怒于珍妃姐妹。

光绪二十一年(1895)适值慈禧太后60大寿，福州将军出缺。那拉氏皇后欲将此职位给她的舅舅，因珍妃颇得光绪帝宠爱，便低声下气地求珍妃请于光绪帝，珍妃却谢绝说："谁去说都是一样。"皇后十分恼火，认为珍妃恃宠而骄，竟敢违抗皇后的意志，气冲冲地跑到慈禧那里告珍妃欺压皇后。慈禧本来处处护着皇后，平时有对皇后小不敬者，都要受到严厉责罚，今天听说敢欺压皇后的竟是平日嫉恨的珍妃，便火冒三丈，于是寻机在仪銮殿当众辱打了珍妃。

慈禧的所作所为，并不能改变帝后之间的关系。后来有一次，光绪帝乘怒还把皇后的发簪给拔下摔碎了。这件事后，皇后与光绪帝开始分居。戊戌政变后，光绪帝被囚在瀛台，身同囚犯，不准皇后、妃嫔随便接触，破格准许皇后每月初一、十五两天到瀛台看望。觐见时，有多名太监在旁边监视，加之皇后和光绪帝素无感情，一般只是三言两语问安后便退出，有时光绪帝一言不发，以目送之。

那拉氏皇后在孤寂的宫廷生活中，开始找些事来填补空虚，她学会了养蚕。每天观察蚕的生长，吐丝做茧，见蚕变成蛾飞出，感慨万分。丝成后，她还拿到慈禧太后那里去鉴赏。

这种孤寂平淡的生活很快被八国联军的炮火给打破了。光绪二十六年七月（1900年8月），八国联军攻入北京，那拉氏皇后随慈禧太后、光绪帝逃奔西安。次年回京后，仍然默默无闻地过着孤寂的生活。

光绪三十四年(1908)，光绪帝和慈禧太后先后去世。慈禧太后弥留之际，指定那拉氏皇后为太后（隆裕太后）。隆裕太后以刚继位一天的小皇帝名义发布谕旨："嗣后军国政事，均由摄政王裁定，遇有重大事件，必须取皇太后懿旨者，由摄政王面请施行。"隆裕太后从此摄取了清朝大权。但隆裕为人平庸无识，优柔寡断，比慈禧远远不如；她有的只是像姑母一样把持朝政的欲望。慈禧一死，后妃们争权夺利的斗争更加激烈，隆裕太后指使其宠信太监大总管小德张（即张兰德）直接参与了后宫的斗争。而正是由此，清代历史上又出现了一个胆大妄为的"出色"太监。

宣统帝继位，隆裕太后心中抑郁不乐，小德张趁机怂恿，在宫中东部大兴土木，修建"水晶宫"，作为玩乐之所。按清代制度，"国服"期间不得兴修宫殿，何况当时清廷正在组建新式海陆军，所需经费极大，国库本来已经空虚了，建军的费用尚且不足。而隆裕太后不管这些，竟然下诏拨出巨款来兴修宫殿，引起朝野的不满和议论，后因为革命军起义而不得不停止。

承认共和　终了残生

宣统三年(1911)，辛亥革命爆发。武昌起义后，各省相继宣告独立，半个中国脱离了清政府的统治，清廷岌岌可危。不得已，隆裕太后只得同意请袁世凯出山，任命为内阁总理大臣，给予军政大权。袁世凯东山再起，首先搞垮了摄政王载沣，迫使隆裕太后下令摄政王归藩，禁止干预政事；同时也与南方革命政府达成妥协，以当民国总统为条件逼迫清帝退位。

面对四面告急的场面，隆裕太后没有别的办法，只好答应这些请求，令宗人府传令各王公出钱赡军，但应者寥寥。于是袁世凯面奏隆裕太后，说军饷无着，对军队哗变的事甚为忧虑，请求隆裕太后拿出内帑黄金8万两充军饷。隆裕太后只得应允。

1912年1月16日，袁世凯又与内阁大臣联衔上奏清廷，奏请清帝退位。隆裕太后忙和王公贵族商量。皇族亲贵多把共和看成洪水猛兽，把袁世凯看作逆臣、革命党的奸细，千方百计想除掉他。隆裕太后被弄得将信将疑，更是举棋不定。恰遇张先培用炸弹袭击袁世凯事件，使害怕共和的隆裕太后更加相信袁世凯。隆裕太后召集宗室王公开御前会议，会上各说各的理，毫无结果。两天后的御前会议依然毫无结果。蒙古王公纷纷出京，各回本旗，组织义务勤王敢死队。

几天的御前会议弄得隆裕太后头昏脑涨，茫然不知所措，除了抱着小皇帝大哭外，没有其他办法。太监总管小德张和贪官奕劻、那桐受了袁世凯的贿买，从内部对隆裕太后进行恫吓。小德张在隆裕太后面前危言耸听，说什么"各省纷纷独立，前敌军队撤不下来，外债无望，饷项难筹，若不答应民党的要求，则革命军杀到北京，您的生命难保"；倘能依从让位，则有"优待条件"，"仍可安居宫闱，长享尊荣富贵，袁世凯一切可以担保"。奕劻为了迫使清廷屈服，不惜当众撒谎。优柔寡断、平庸无识的隆裕太后，遇到为难之事只有啼哭，在这内外夹攻之下，开始动摇了。

这时京城发生了一起惊人事件，力主保卫清室的宗社党的首领良弼被炸，京师震动。王公贵族闻风丧胆，有些人潜往青岛、大连、天津的外国租界，藏匿不出。隆裕太后更是惊慌不已，为保全清廷，尽力拉拢袁世凯。隆裕太后颁发懿旨封袁为一等侯爵，并命退归藩邸的载沣到袁世凯的住所传旨，督促袁世凯入宫谢恩。袁世凯再三辞谢，恳请收回成命，隆裕太后固执己见，一心想拉住袁世凯，不允其请求，袁世凯没有办法，只得接受。

1月29日，袁世凯命杨度在北京发起组织共和促进会，宣布目前主张君主立宪为时已晚，为救国家危亡，保全皇室，只有实行共和。这天，袁世凯上奏，催促清廷迅速做出选择，早早退位，并把一切推给朝廷自行处理，加紧刁难要挟。隆裕在其催逼下，整日抱着宣统皇帝痛哭流涕。载沣向来缺乏主见，此时更不敢参与决策。皇室贵族束手无策，乱作一团。

隆裕太后所能采取的唯一办法是尽可能拖延时日。2月1日，她召开御前会议，提出采取虚君共和政体，即君主不干预国政的办法把皇帝保留下来。民国政府和袁世凯都表示反对。隆裕太后经过反反复复考虑比较，觉得保留性命、退位后享受优待条件，总比宗族覆灭的结局强得多。她只好做出了皇帝退位、颁布共和的决定。

1912年2月3日，隆裕太后授袁世凯以全权，与南方协商清帝退位条件。2月8日，梁士诒携新拟的优待条件见隆裕太后。隆裕太后提出三条意见：一、留"大清皇帝尊号相承不替"十字；二、不用"逊位"一词；三、宫禁和颐和园随时听使居住。2月11日，隆裕太后认可了优待条件的修正案，决定下诏退位。2月12日，隆裕太后以宣统皇帝的名义颁发了三道诏旨：第一道是清帝退位诏，第二诏是公布优待条件，第三诏是劝谕臣民。这天，隆裕太后主持了清王朝的最后一次御前会议。内阁总理大臣袁世凯率全体阁员、亲贵和朝廷官员同至养心殿，恭迎太后和年幼的皇帝进殿，并登上宝座，大臣们最后一次向皇帝山呼万岁。这时一位太监向隆裕太后呈递了退位诏书。隆裕太后在宣读诏书时，泪流满面。臣僚们匍匐在地，极度悲伤恐惧。隆裕太后突然中止宣读，放声大哭，将退位诏书交给世续和徐世昌盖上皇帝宝印，内阁成员随即依次在诏书上签名。在肃穆悲哀的气氛中，最后一次御前会议宣告结束了，统治中国长达267年的清王朝宣告灭亡。

自宣布共和后，皇室虽然已失去了政权，但在清室宫中，仍然按照皇室的仪体，发布上谕。他们靠封建社会长期的影响，靠出卖宫里的珍宝和从中华民国政府领到的优待经费400万两白银，在宫中仍过着穷奢的生活，保持着皇家旧有的淫威。

隆裕太后仍然住在宫中，宫殿依旧而世道今非。她心情忧郁，很少与外人接触，甚至北京发生兵变时，她只隐隐约约地听见炮声，不知发生了什么事。她的娘家被劫三四天后，她才知道，痛哭流涕，哀恸不已，但此时大势已去，无法挽回。这件事使她更加郁郁寡欢，与宣统帝的关系也日渐疏远，教养侍奉之事，一概交给太监去管。

隆裕太后整日忧郁，起居没有节制，饮食更是不加注意。她每天只吃些水果，全天精神恍恍惚惚，太监只得拿着水果袋跟着她。这样时间一长，自然得了大病。到了1913年，便卧床不起了。

隆裕太后去世时正值深夜，世续、溥伦及载津在一边侍奉。此时隆裕太后已经昏迷。据说溥伦拟议遗诏，授命醇亲王载沣掌管宫中事务之权，世续等大声呼唤，不见太后醒来。小德张来到榻前，在枕边对着太后耳朵大声呼唤说："现在世续等王爷为太后能更好贻养身体，宫中事务请下旨命醇亲王管理。"这样喊了三次，隆裕太后才慢慢睁开了眼，轻轻地点了点头，很久才说出一句话："叫皇帝来。"太监连忙把溥仪抱到床前。太后指着溥仪，使出全身的力气，慢慢地说："他太小了，你们不要难为他。"说完，两眼一闭，命归黄泉。

隆裕太后死讯传出，大总统袁世凯表示悼念、祭奠，参议院外交团发出了悼唁，国务院决定为她举行葬礼，并派专员去办理丧事，各党会团体也有表示追悼的，有的还提议为她铸造铜像。参加隆裕太后葬礼的除王公大臣外，还有国务总理和总统的代表、各国外交官、各局长并各部代表及陆海军人等300余人。隆裕太后的葬礼如此之隆重庄严，参加人员代表面如此之广，是历代皇后葬礼所不及的。